AUTOREN
SABRINA FAUDA-RÔLE, ILONA CHOVANCOVA,
NATACHA ARNOULT, ANNA HELM BAXTER,
LENE KNUDSEN, JESSIE KANELOS WEINER,
ORATHAY SOUKSISAVANH, KEDA BLACK

FOTOS VON
ELISA WATSON, REBECCA GENET, DEIRDRE ROONEY,
RICHARD BOUTIN, ILONA CHOVANCOVA,
CHARLOTTE LASCÈVE, VALÉRY GUÉDÈS,
PIERRE JAVELLE, AKIKO IDA

DAS STUDENTEN KOCHBUCH

KOCHEN MIT 3 - 6 ZUTATEN

Librero

Inhalt

4 O'CLOCK

VORSPEISEN

BEILAGEN

NACHTISCH

MITTERNACHTSSNACK

COCKTAILS

Vegetarisch, Fisch und Fleisch

VEGETARISCH

FRÜHSTÜCK

Omelett mit Champignons

In 5 Minuten vorbereitet

10 Minuten Kochzeit

Für 1 Person

Eier
x 4

Champignons
x 10

Schnittlauch
3 Stiele

Olivenöl
1 Schuss

Blattspinat
x 1 kleine Handvoll

 Die Champignons waschen und vierteln. Den Schnittlauch mit der Schere kleinschneiden. Die Eier in einer Schale aufschlagen, salzen und pfeffern. Die Hälfte des Schnittlauchs hinzufügen.

○ Einen Schuss Olivenöl in eine Pfanne geben und die Champignons 5 Minuten anbräunen. Zur Seite legen. Die Eier 2 Minuten bei starker Hitze in der Pfanne anbraten.

○ Die Spinatblätter und die Champignons hinzufügen und dann das Omelett falten. 2 – 3 Minuten bei schwacher Hitze weiterbraten lassen. Den Schnittlauch darüberstreuen.

Apfel-Croissant

 In 30 Minuten vorbereitet

 15 Minuten Kochzeit

 Für 1 Person

Croissant
× 1

Apfel
x 1 klein

Butter
15 g

Zucker
1 Esslöffel

○ Den Apfel schälen und in Scheiben schneiden.

○ Die Butter in einem kleinen Topf schmelzen. Den Apfel hinzufügen und von beiden Seiten bei geringer Hitze braten. Wenn er weich ist, den Zucker hinzufügen und die Hitze erhöhen, damit er leicht karamellisiert.

○ Den Grill des Ofens vorheizen. Das Croissant unter dem Grill ein paar Minuten aufwärmen.

○ Halbieren, mit dem Apfel füllen und den Bratsaft darübergießen.

Avocado-Toast

Körnerbrot
× 8 Scheiben

geräucherter Lachs
× 8 Scheiben

Keimlinge
75 g

große, reife Avocados
× 3

 In 5 Minuten vorbereitet

 5 Minuten Kochzeit

 Für 4 Personen

O Den Ofengrill vorheizen. Das Fleisch der Avocados herausheben. Mit der Gabel und mit dem Saft der Limette zerdrücken. Würzen.

O Die Gurke mit einem Sparschäler in dünne Streifen schneiden.

O Die Brotscheiben auf ein Blech legen und 5 Minuten in den Ofen geben. Darauf achten, dass sie nicht zu dunkel werden.

O Die Avocado auf die Brote verteilen. Die Gurke und anschließend eine Scheibe Räucherlachs hinzugeben.
Mit Keimlingen bestreuen.

Limette
× 1

Gurke
× ½

Arme Ritter

 In 15 Minuten vorbereitet

 10 Minuten Kochzeit

 Für 4 Personen

Milch
80 ml

Eier
× 2

O Die Eier und die Milch in einer großen Schale aufschlagen. Eine Prise Salz und den Zucker hinzugeben.

Zucker
1 Teelöffel

altes Brot
x 4 Scheiben

O Die Butter in einem Topf bei mittlerer Hitze erhitzen. Die Brotscheiben in die Mischung aus Milch und Eiern tauchen, dann in die angeheizte Pfanne geben. Auf jeder Seite goldbraun werden lassen.

Butter
15 g

Zimtpulver
1 Prise

O Mit Zimt und ein wenig Zucker oder mit Früchten servieren.

Müsli-Joghurt

 In 3 Minuten vorbereitet

 4 Minuten Kochzeit

 Für 1 Person

Vanillejoghurt
x 1 Becher

Haferflocken
30 g

Kürbiskerne
1 Esslöffel

Sonnenblumenkerne
1 Esslöffel

Sesamsamen
1 Esslöffel

getrocknete Feigen
x 4 kleine

O Die Haferflocken in einer Pfanne ohne Öl 3 Minuten anrösten und dann abkühlen lassen.

O Die getrockneten Feigen in Stücke schneiden.

O Den Joghurt in eine Schale geben, die Körner darüberstreuen und die Feigenstücke dazugeben.

Pfannkuchen mit Kürbis und Banane

 In 15 Minuten vorbereitet

 4 Minuten Kochzeit

 Für 5 Pfannkuchen

Ei
x 1

Mehl
100 g

Kürbis
300 g

Banane
x 1

Backpulver
2 Teelöffel

Butter
15 g

○ Den Kürbis schälen und die Kerne entfernen. 15 Minuten in kochendem Wasser sieden, abtropfen lassen und pürieren.

○ Die Banane in Scheiben schneiden. 10 g Butter schmelzen.

○ Das Mehl mit dem Backpulver sieben. 180 g Kürbispüree, die geschmolzene Butter und das Ei hinzufügen. Mischen.

○ Die restliche Butter in einer Pfanne schmelzen, 2 kleine Schöpfkellen Teig hineingießen und 4 Bananenscheiben hineingeben. Von jeder Seite 2 Minuten backen. Mit Ahornsirup servieren.

Scones

Mehl
300 g

Backpulver
1½ Teelöffel

Zucker
1 Esslöffel

Milch
150 ml

Butter
50 g

Ei
× 1

 In 25 Minuten vorbereitet

 15 Minuten Backzeit

 Für 6 – 8 Scones

○ Den Ofen auf 220 °C vorheizen. Mehl, Backpulver, Zucker und eine gute Prise Salz in eine Schüssel geben. Gut vermischen.

○ Die in Würfel geschnittene Butter hinzufügen und mit den Fingern mit dem Mehl vermengen. Das Ei und die Milch hinzufügen und dann mischen.

○ Eine Teigkugel formen. Mit der Hand auf 2,5 cm Dicke drücken und dann mit einem eingemehlten Glas Scheiben ausstechen.

○ Auf ein Backblech setzen und 12 – 15 Minuten in den Ofen geben.

Smoothie mit Ananas und Avocado

Banane
x ½

tiefgekühlte Ananas
140 g

 In 5 Minuten vorbereitet

 Ohne Kochen oder Backen

 Für 1 Person

sehr reife Avocado
x ½

Chia-Samen
1 Teelöffel

○ Die Banane schälen und in Scheiben schneiden. Die Zitrone pressen, um 50 ml Saft zu erhalten. Die Avocado halbieren, den Kern entfernen und das Fleisch in Stücke schneiden.

○ Die Banane, die tiefgekühlten Ananasstücke und die Avocado in einem Mixer vermengen. Die Kokosmilch, Chia-Samen und den Zitronensaft hinzufügen und dann gut mixen.

○ In ein großes Glas gießen.

Kokosmilch
150 ml

Zitrone
x 1

Brot mit Mandeln und Heidelbeeren

Vollkorntoast
x 1 Scheibe

Mandelpüree
50 g

Chia-Samen
1 Teelöffel

Heidelbeeren
x ½ Schale

 In 5 Minuten vorbereitet

 Ohne Kochen oder Backen

 Für 1 Person

○ Die Heidelbeeren waschen und trocknen.

○ Die Brotscheibe rösten. Mit einer dicken Schicht Mandelpüree bestreichen.

○ Die Heidelbeeren und die Chia-Samen darauf verteilen.

Smoothie-Schale mit Himbeere

 In 10 Minuten vorbereitet
1 Stunde im Gefrierfach

 Ohne Kochen oder Backen

 Für 1 Person

angedickte Kokoscreme
200 ml

Banane
x 1

○ Die in Scheiben geschnittene Banane auf einen Bogen Backpapier setzen. Die Kokoscreme in einen Beutel geben. Das Ganze 1 Stunde in den Gefrierschrank legen.

Chia-Samen
1 Esslöffel

Avocado
x 1

○ Die kristallisierte Kokoscreme mit der Banane und der in Stücke geschnittenen Avocado vermischen.

○ Mit den Samen und den Himbeeren in Schalen gießen.

Himbeeren
x 6

Sesamsamen
1 Teelöffel

Feinschmecker-Porridge

 In 10 Minuten vorbereitet

 10 Minuten Kochzeit

 Für 2 Personen

Milch
400 ml

Haferflocken
100 g

Datteln
× 4

Crème fraîche
2 Esslöffel

Honig
1 Esslöffel

○ Die Datteln entkernen und der Länge nach halbieren.

○ Die Haferflocken in einen Topf geben. Die Milch, 100 ml Wasser, eine Prise Salz und

○ die Datteln hinzufügen. Zum Kochen bringen und dann die Hitze zurückdrehen, umrühren und kochen lassen, bis das Porridge eine feste Konsistenz annimmt. Honig und Crème fraîche hinzufügen.

Lassi mit Bananen und Erdbeeren

Banane
× 1

Naturjoghurt
× 2 Becher

 In 5 Minuten vorbereitet

 Ohne Kochen oder Backen

 Für 2 Personen

Zitrone
× ½

Basilikum
× 4 Blätter

○ Die Erdbeeren waschen, entstielen und in Stücke schneiden.

○ Die Banane schälen und in Scheiben schneiden.

○ Die Basilikumblätter waschen und trocknen. Die Zitron pressen.

○ Die Früchte mit dem Joghurt, dem Basilikum und ein wenig Zitronensaft in einem Mixer mischen.

frische Erdbeeren
250 g

Butterbrot mit Erdbeeren

 In 10 Minuten vorbereitet

 Ohne Kochen oder Backen

 Für 1 Person

Brot
x 1 dicke Scheibe

frische Erdbeeren
125 g

○ Die Erdbeeren waschen, entstielen und in Stücke schneiden. Die Minze waschen und hacken.

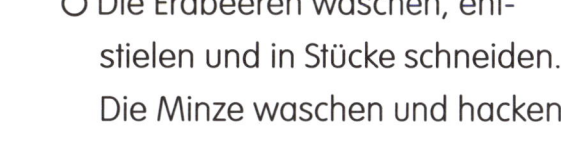

Rohrzucker
1 Esslöffel

Minze
ein paar Blätter

○ Die Brotscheibe rösten. Mit Butter bestreichen und dann die Erdbeeren darauflegen. Mit Zucker bestreuen.

○ Die Früchte leicht mit der Gabel anquetschen. Die Minzblätter darüberstreuen.

Butter
x 1 nussgroßes Stück

Kiwi-Joghurt und Roggen

 In 10 Minuten vorbereitet

 5 Minuten Kochzeit

 Für 1 Person

Kiwi
x 1

Joghurt
x 1 Becher

Butter
1 nussgroßes Stück

Roggenbrot
x 1 Scheibe

Ahornsirup
1 Schuss

○ Das Brot in Würfel schneiden. Das Brot in einer Pfanne mit Butter und einem Schuss Ahornsirup anrösten. Umrühren, bis die Croutons gut angebraten sind. Abkühlen lassen.

○ Den Joghurt und die in Scheiben geschnittene Kiwi in eine Schüssel geben. Die Croutons und ein paar Spritzer Ahornsirup hinzugeben.

ZWISCHENDURCH

Energiekugeln mit Feigen und Kokos

 In 20 Minuten vorbereitet

 6 Minuten Kochzeit

 Für 15 Stück

getrocknete Feigen
10 große

kleine Haferflocken
3 Esslöffel

Kokosflocken
30 g

grüne Zitrone
x 1

○ Von der grünen Zitrone Zesten schaben.

○ Die Feigen in einem Topf mit 40 ml Wasser 6 Minuten kochen. Sie müssen weich werden und das gesamte Wasser aufnehmen.

○ Die Feigen in Stücke schneiden. Mit den Haferflocken und den grünen Zitronenzesten in einem Mixer vermengen.

○ Mit der Hand kleine Kugeln formen und in Kokosflocken wälzen. In einem luftdichten Behälter aufbewahren (maximal 5 Tage).

Müsliriegel mit Aprikosen

 In 20 Minuten vorbereitet

 25 Minuten Kochzeit

 Für 10 Riegel

grobe Haferflocken
230 g

Kokosnussöl
70 g

getrocknete Aprikosen
x 8

Akazienhonig
90 ml

ungeschälte Mandeln
70 g

Rosinen
30 g

○ Den Ofen auf 170 °C vorheizen. Den Honig und das Kokosnussöl in einem Topf schmelzen. Die Aprikosen und die Mandeln grob schneiden.

○ Haferflocken, Rosinen, Aprikosen, Mandeln und die Mischung aus Honig und Kokosnussöl vermengen.

○ Eine Form von 30 x 17 cm mit Backpapier auslegen und die Zubereitung auf 2 cm Höhe auf dem Boden verteilen. Für 25 Minuten in den Ofen geben.

○ Abkühlen lassen und dann in Riegel schneiden. In einem luftdichten Behälter aufbewahren.

Flapjacks

 In 20 Minuten vorbereitet

 20 Minuten Backzeit

 Für 10 Flapjacks

Haferflocken
200 g

Nüsse
25 g

Honig
1 Esslöffel

Rosinen
75 g

Butter
125 g

Zucker
3 Esslöffel

○ Den Ofen auf 180 °C vorheizen. Eine nicht zu tiefe Form mit einem Durchmesser von 20 cm einfetten.

○ Die restliche Butter, den Zucker und den Honig in einem kleinen Topf bei geringer Hitze schmelzen. Die Haferflocken, die Rosinen und die Nüsse hinzugeben, dann vermischen.

○ In die Form gießen und mit einem Löffel verstreichen. Für 20 Minuten in den Ofen geben.

○ Den Flapjack in der Form in Quadrate schneiden, solange er noch warm ist. Abkühlen lassen und dann aus der Form nehmen.

Cookies

 In 10 Minuten vorbereitet

 10 Minuten Backzeit

 Für 10 – 12 Cookies

Rohrzucker
150 g

gesalzene Butter
110 g

Eier
× 2

Backpulver
½ Teelöffel

Mehl
180 g

dunkle Schokolade
200 g

O Die Butter 1 Stunde vor der Zubereitung aus dem Kühlschrank nehmen, damit sie weich ist.

O Den Ofen auf 190 °C vorheizen. Die Schokolade in große Stücke brechen. Mehl, Zucker und Backpulver in einer großen Schale mischen. Die Butter und die Eier hinzufügen, mischen und dann zur Schokolade hinzufügen.

O Teighäufchen auf eine mit Backpapier belegte Platte setzen. Für 7 – 10 Minuten in den Ofen geben (abhängig von der Dicke der Cookies). Sie dürfen nicht goldgelb werden, sondern müssen nur gerade durch sein (sie ziehen beim Abkühlen ein).

LUNCH

Leichte Pitas

 In 15 Minuten vorbereitet

 20 Minuten Kochzeit

 Für 4 Personen

Pitabrote
× 4

Karotten
× 2

○ Die Hähnchenbrust in dem Öl von beiden Seiten anbraten, bei mittlerer Hitze fertiggaren.

○ In Streifen schneiden und mit Zatar bestreuen. Abschmecken.

○ Die Brötchen aufbacken und mit dem Zaziki, den geraspelten Karotten und dem Hähnchen garnieren.

Hähnchenbrust
200 g

Zatar (nordafrik.
Gewürzmischung)
2 Teelöffel

Zaziki
4 Esslöffel

Sonnenblumenöl
2 Esslöffel

Brot mit Ziegenkäse und Pesto

 In 10 Minuten fertig

 Ohne Kochen

 Für 4 Personen

Brot
8 Scheiben

Tomaten in mehreren
Farben 4 kleine

○ Die Tomaten waschen, trocknen und in Stücke schneiden. Die Brotscheiben anrösten.

○ Die Brotscheiben mit Pesto bestreichen, mit Tomaten und Ziegenfrischkäse garnieren.

○ Einen Schuss Olivenöl darübergießen, salzen und pfeffern.

Pesto
2 Esslöffel

Olivenöl
1 Schuss

Ziegenfrischkäse
120 g

Mini-Clubsandwiches mit Gurke

 In 15 Minuten fertig

 Ohne Kochen

 Für 4 Personen

Toastbrot
8 Scheiben

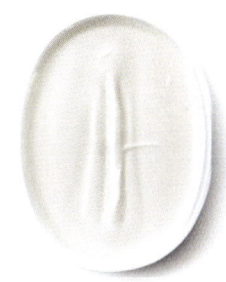

Rahmkäse
100 g

Gurke
× ½

Schnittlauch
1 Bund

Mayonnaise
2 Esslöffel

○ Den Schnittlauch waschen, trocknen und fein hacken. Die Gurke waschen, trocknen und in dünne Scheiben schneiden. Die Krusten der Toastscheiben entfernen.

○ 4 Scheiben Toast mit Rahmkäse bestreichen. Die Scheiben mit Gurke belegen und dann mit den restlichen Toastscheiben bedecken. Diagonal vierteln.

○ Einen Rand mit Mayonnaise bestreichen und in die fein geschnittenen Kräuter drücken. Dies bei den anderen Sandwiches wiederholen.

Taboulé

 In 10 Minuten vorbereitet

 20 Minuten Kochzeit

 Für 1 Person

Grieß
90 g

Tomate
x 1

Petersilie
x ½ Bund

Vollkornbrot
x 1 Scheibe

Gurke
x ¼

Olivenöl
1 Schuss

○ Den Grieß nach den Anweisungen auf der Verpackung kochen.

○ Die Gurke schälen und in kleine Würfel schneiden. Die Tomaten in kleine Würfel schneiden. Die Petersilie fein hacken. Das Ganze in einer großen Schale mischen.

○ Das Brot in Würfel schneiden und mit einem Schuss Olivenöl in einer Pfanne anrösten. Die Würfel der Taboulé hinzufügen. Vinaigrette darübergießen (siehe Rezept 55).

Croque mit Champignons

Champignons
75 g

Brioche
x 2 dicke Scheiben

 In 5 Minuten vorbereitet

 10 Minuten Kochzeit

 Für 1 Person

Crème fraîche
1 Esslöffel

Butter
30 g

Gruyère
50 g

○ Die Champignons scheibeln, Käse reiben. Grill vorheizen. Die Champignons mit der Hälfte der Butter in einer Pfanne anbraten, würzen. 25 g Gruyère mit der Sahne 1 Minute in der Mikrowelle schmelzen.

○ Die restliche Butter in der sauberen Pfanne schmelzen und die Brioche-Scheiben auf einer Seite anrösten. Eine davon umdrehen, den restlichen Gruyère und die Champignons hinzufügen und dann die andere Scheibe darauflegen. 1 Minute in den Ofen geben, umdrehen und die geschmolzene Mischung darübergießen. Goldbraun anbraten.

Gallisches Croque

 In 10 Minuten vorbereitet

 5 Minuten Kochzeit

 Für 4 Personen

Toastbrot
x 4 Scheiben

reifer Cheddar
175 g

○ Den Cheddar reiben und die Zwiebel in kleine Würfel schneiden. Den Grill auf hohe Temperatur vorheizen und die Brotscheiben von einer Seite rösten.

rote Zwiebel
x ½

Dijon-Senf
1 Esslöffel

○ Den Käse, den Senf, die Eier, die Zwiebel und die Worcestershire-Sauce mischen. Die nicht geröstete Seite des Brots bestreichen.

○ Weitere 3 – 4 Minuten unter dem Grill lassen, bis die Zubereitung aufgegangen und goldgelb ist.

Eier
x 2

Worcestershire-Sauce
¼ Teelöffel

Club-Sandwich

 In 15 Minuten vorbereitet

 10 Minuten Kochzeit

 Für 2 Personen

Brot
x 4 Scheiben

Avocado
x ½

Schinken
x 2 Scheiben

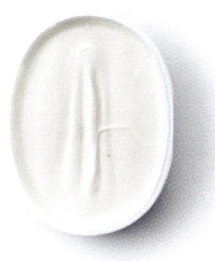

Streichkäse
30 g

Eier
x 2

Worcestershire-Sauce
1 Spritzer

○ Die Eier zum Kochen bringen und 6 Minuten leicht wallend sieden lassen. Unter kaltem Wasser abschrecken, schälen und in Hälften schneiden.

○ Die Avocado schälen und in Scheiben schneiden. Worcestershire-Sauce darübergießen und mit Frischkäse mischen. Den Schinken in einer Pfanne anbraten.

○ 2 Scheiben Brot mit der Mischung aus Käse und Avocado bestreichen. Leicht mit einem Messer andrücken. Etwas Worcestershire-Sauce hinzufügen, dann den Schinken und ein Ei. Mit einer Scheibe Brot abdecken.

Quinoa, Gurke und Sesam

 In 10 Minuten vorbereitet

 15 Minuten Kochzeit

 Für 1 Person

Quinoa
80 g

Ei
x 1

○ Den Quinoa nach den Anweisungen auf der Verpackung kochen. Das Ei 6 – 7 Minuten kochen. Abkühlen lassen und dann halbieren.

Avocado
x 1

vorgekochte Rote Bete,
vakuumiert x ½

○ Die Gurke schälen und in kleine Würfel schneiden. Die Avocado halbieren, den Kern und die Haut entfernen. Die Rote Bete in sehr feine Streifen schneiden.

Gurke
x ¼

schwarze Sesamsamen
1 Teelöffel

○ Den abgetropften Quinoa, die Gurkenwürfel, das Ei, die halben Avocados, die Rote Bete und die Sesamsamen in eine Schale geben. Vinaigrette darübergießen (siehe Rezept 55).

Panzanella

gemischte Tomaten
900 g

Bauernbrot
× 4 große Scheiben

 In 10 Minuten vorbereitet

 Ohne Kochen

 Für 4 Personen

Basilikum
× 1 Bund

Knoblauch
× 2 kleine Zehen

○ Die Tomaten in gleich große Stücke schneiden. In eine Salatschüssel geben. Den gepressten Knoblauch, das Öl und den Essig hinzugeben. Würzen.

○ Das Brot leicht anrösten. In Würfel mit ca. 3 cm schneiden und diese zusammen mit den Basilikumblättern hinzugeben. Gut vermischen, sodass das Brot den Tomatensaft aufnehmen kann.

○ Probieren und gegebenenfalls abschmecken.

Olivenöl
50 ml

Sherry-Essig
3 Esslöffel

Brot mit Pesto und Schinken

 In 10 Minuten vorbereitet

 10 Minuten Backzeit

 Für 4 Personen

Baguette
× 1

Pesto
1 kleines Glas

○ Den Ofen auf 180 °C vorheizen.

○ Das Baguette schräg ein-
schneiden, ohne es ganz
durchzuschneiden. Die
Zwischenräume mit Pesto
und ein wenig Schinken
füllen.

Parmaschinken
8 dünne Scheiben

○ In Backpapier einwickeln
und 10 Minuten in den Ofen
geben.

Lachs-Bagel

 In 10 Minuten vorbereitet

 10 Minuten Kochzeit

 Für 2 Personen

Bagels
× 2

Lachsfilets
× 2 (200 g)

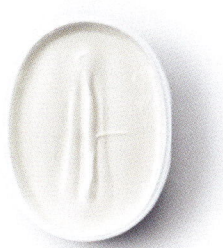

Philadelphia©
75 g

rote Zwiebel
× ¼

Kapern
2 Esslöffel

Rucola
60 g

○ Den Ofen auf 180 °C vorheizen.

○ Den Lachs in einem Kochtopf mit kaltem Wasser bedecken, großzügig salzen und pfeffern. Wenn das Wasser zu kochen beginnt, vom Ofen nehmen und im Wasser abkühlen lassen. Den Lachs auf Küchenpapier abtropfen lassen. Die Haut und die Gräten entfernen.

○ Die Zwiebel in feine Scheiben schneiden. Die Bagels halbieren und für 5 - 7 Minuten in den Ofen geben.

○ Die Bagels mit Philadelphia© bestreichen. Den Lachs, die Zwiebeln, die Kapern und den Rucola darauf verteilen. Zuklappen.

Belegtes Brot mit Bündnerfleisch

Schwarzbrot
4 Scheiben

weiche Butter
40 g

Dörrfleisch
8 Scheiben

Karotte
× 1

Cornichons
× 3

eingelegte Zwiebeln
× 16

 In 10 Minuten fertig

 Ohne Kochen

 Für 4 Personen

O Die Karotte schälen, mit einem Sparschäler Streifen schneiden und diese für ein paar Minuten in kaltes Wasser geben, damit sie ihren Biss behalten. Die Cornichons in Scheiben schneiden.

O Die Brotscheiben halbieren, mit Butter bestreichen und mit einer Scheibe Dörrfleisch, den Karottenstreifen, den Cornichon-Scheiben und den kleinen Zwiebeln garnieren. Mit geschnittenem Schnittlauch garnieren.

Brot mit Räucherlachs

Brot
8 Scheiben

Räucherlachs
8 Scheiben

 In 10 Minuten fertig

 Ohne Kochen

 Für 4 Personen

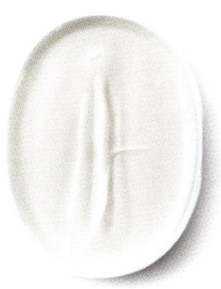

Rahmkäse
120 g

Dill
2 Zweige

○ Die Rote Bete in kleine Würfel schneiden. Brotscheiben anrösten.

○ Mit Rahmkäse bestreichen und mit einer Scheibe Räucherlachs und Rote-Bete-Würfeln garnieren. Einen Schuss Olivenöl darübergießen, mit etwas Dill garnieren, sehr leicht salzen und pfeffern.

gekochte Rote Bete

Olivenöl
1 Schuss

Makrelen-Brotaufstrich

 In 10 Minuten vorbereitet

 Ohne Kochen oder Backen

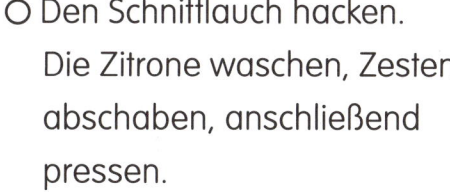 **Für 2 Personen**

geräucherte Makrele
x 1 Filet

Quark
125 g

○ Den Schnittlauch hacken.
Die Zitrone waschen, Zesten
abschaben, anschließend
pressen.

○ Die Makrelen und den Quark
mit einer Gabel zerquetschen
und vermengen.

Zitrone
× 1

Brot
ein paar Scheiben

○ Etwas Zitronensaft, den
Schnittlauch und die Zesten
hinzugeben.

○ Vermischen und auf ein frisches
oder geröstetes Brot legen.

Schnittlauch
ein paar Stängel

Mini-Kruste mit Pastete

Toastbrot
8 Scheiben

Zwiebelconfit
1 kleines Glas

Landpastete
1 großes Stück

Butter
30 g

 In 15 Minuten vorbereitet

 5 Minuten Kochzeit

 Für 4 Personen

○ Die Kruste vom Toastbrot entfernen.

○ 4 Scheiben Toastbrot mit Landpastete bestreichen und mit eingelegten Zwiebeln belegen. Mit den restlichen Scheiben bedecken.

○ Die Butter in einem großen Topf heiß machen und darin die Sandwiches 3 Minuten von jeder Seite anbräunen. Vierteln.

4 O'CLOCK

Sonnen-Tarte

 In 20 Minuten vorbereitet

35 Minuten Backzeit

Für 4 Personen

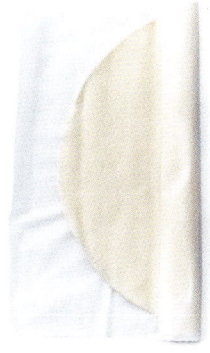

Blätterteig
2 Rollen

Pesto oder Olivenpaste
160 g

Ei
× 1

○ Pesto auf eine Blätterteigplatte streichen. Mit der zweiten Platte abdecken und die Platten zusammendrücken. Mit dem geschlagenen Ei bestreichen.

○ Mit einem Glas leicht einen Kreis in die Mitte des Teigs drücken. 24 Streifen um den durch das Glas geformten Kreis schneiden, dabei von der Mitte nach außen vorgehen. Stangen formen.

○ Für 10 Minuten in den Kühl-schrank legen.

○ Den Ofen auf 180 °C heizen und die Stangen ca. 35 Minuten backen.

Olivenschnecken

Blätterteig
2 Rollen

schwarze Olivenpaste
½ Glas

 In 20 Minuten vorbereitet

 12 Minuten Backzeit

 Für 4 Personen

○ Die Olivenpaste auf eines der Blätterteigblätter streichen. Mit dem anderen Blätterteigblatt bedecken.

○ Eine Rolle aus dem Teig formen. Für 30-45 Minuten in den Kühlschrank legen.

○ Die Rolle in Scheiben schneiden und wieder in den Kühlschrank stellen. Den Ofen auf 180 °C vorheizen und die Schnecken 12-15 Minuten in den Ofen geben. Lauwarm oder kalt servieren.

Käsewindbeutel

 In 20 Minuten vorbereitet

 20 Minuten Backzeit

 Für 30 Windbeutel

Mehl
140 g

geriebener Comté-Käse
150 g

Milch
15 cl

Eier
× 4

Butter
110 g

○ Den Ofen auf 180 °C vorheizen. 12,5 cl Wasser, Milch, Butter und Salz in einem Topf zum Sieden bringen. Vom Ofen nehmen, das gesamte Mehl hinzugeben und den Teig trockenrühren (er muss sich von den Wänden lösen). In eine Schale geben und abkühlen lassen. Die Eier unter weiterem Rühren hinzugeben. Den geriebenen Käse beimengen und pfeffern.

○ Mit einem Löffel kleine Teigmengen abstechen. Mit einem Pinsel mit Milch bestreichen. 18-20 Minuten backen.

Fladen mit Korallenlinsen

 In 10 Minuten vorbereitet

 35 Minuten Kochzeit

 Für 6 Personen

Korallenlinsen
100 g

Mehl
20 g

Mohnsamen
1 Esslöffel

Olivenöl
2 Esslöffel

Currypulver
1 Teelöffel

Koriandersamen
1 Teelöffel

○ Die Linsen 10 Minuten in kochendem Salzwasser ziehen lassen. Abgießen.

○ Den Ofen auf 190 °C vorheizen. Die Koriandersamen zerdrücken.

○ Die Linsen mit dem Mehl, den Mohn- und Koriandersamen, dem Curry, dem Olivenöl und 2 Prisen gemahlenem Pfeffer vermischen.

○ Frikadellen formen und auf einem mit Backpapier ausgelegten Blech zu Fladen drücken. Für 25 Minuten in den Ofen geben. Auf dem Blech abkühlen lassen.

Gebäck mit Comté und Sesam

 In 10 Minuten vorbereitet

 30 Minuten Ruhezeit
15 Minuten Kochzeit

 Für 4 Personen

Kokosmargarine
100 g

geriebener Comté
150 g

Mehl
150 g

Sesamkörner
2 Esslöffel

○ Die Margarine und den Käse in Stücke schneiden. Das Mehl, den geriebenen Comté, die Sesamkörner, 2 Prisen Salz und gemahlenen Pfeffer hinzugeben. Mit den Fingern vermischen, um einen gleichmäßigen Teig zu erhalten.

○ Eine Rolle formen, in Klarsichtfolie wickeln und 30 Minuten kaltstellen.

○ Den Ofen auf 180 °C vorheizen. Die Teigrolle in Plätzchen mit 1 cm Dicke schneiden.

○ 15 Minuten auf einem mit Backpapier ausgelegten Blech in den Ofen geben. Abkühlen lassen.

Crumpets mit Apfel und Schinken

 In 10 Minuten vorbereitet

 30 Minuten Ruhezeit
15 Minuten Kochzeit

 Für 4 Personen

Crumpets
× 4

Apfel
× 1

roher Schinken
x 2 Scheiben

Comté-Käse
100 g

○ Den Apfel schälen, in Viertel schneiden, das Kernhaus entfernen und jedes Viertel in feine Scheiben schneiden. Den Käse in Scheiben schneiden.

○ Die Crumpets für ca. 3 Minuten unter dem Grill des Ofens rösten.

○ Die Apfelscheiben, den Käse und den Schinken auf die Crumpets legen. Unter den Grill legen, bis der Käse schmilzt und leicht goldgelb wird. Pfeffern.

VORSPEISEN

Grünes Gazpacho

 In 10 Minuten vorbereitet

 Ohne Kochen

 Für 4 Personen

Gurken
× 2

reife Avocado
× 2

○ Den Koriander waschen und zupfen. Die Gurken schälen, die Kerne mit einem Löffel entfernen. Die Gurke, die Zwiebel und die Paprika in große Stücke schneiden.

Zwiebel
× 1

Koriander
× 1 kleiner Bund

○ Etwas Koriander zum Servieren zurückbehalten. Alle restlichen Zutaten in einen Mixer geben. Den Saft der Limetten hinzugeben. Würzen, pürieren.

○ Probieren und gegebenenfalls abschmecken.

○ Für eine würzigere Variante etwas grünen Chili hinzugeben.

Limetten
× 1 bis 2

grüne Paprika
× 1

Karotte, Kokos und Ingwersuppe

 In 10 Minuten vorbereitet

 10 Minuten Kochzeit

 Für 4 Personen

TK-Karottenpüree
1 kg

große Zwiebel
× 1

Kokosmilch
700 ml

Ingwer
80 g

Koriander
× ½ Bund

Kurkuma-Pulver
1 Esslöffel

○ Die Zwiebel fein schneiden, den Ingwer reiben.

○ Alle Zutaten bis auf den Koriander und den Kurkuma in einen Topf geben. Würzen, aufkochen und 10 Minuten garen.

○ Mit dem Kurkuma vermischen. Probieren, gegebenenfalls abschmecken.

○ Mit dem gezupften Koriander servieren. Um eine weniger dicke Suppe zu erhalten, 150 ml Wasser hinzugeben.

Suppe mit Thai-Hühnchen und Kokos

Hühnerfilets
x 2

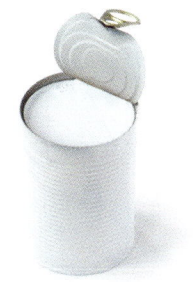

Kokosmilch
300 ml

 In 15 Minuten vorbereitet

 15 Minuten Kochzeit

 Für 4 Personen

○ Das Hühnchen in Stücke schneiden, die Peperoni in feine Scheiben und auch die Frühlingszwiebeln in feine Stücke schneiden.

○ Die Brühe in einem großen Topf mit der Peperoni und der Nuoc-Mâm-Sauce aufkochen. Die Kokosmilch hinzugeben und vorsichtig umrühren. Die Hühnchenstücke hinzufügen und 10 Minuten bei schwacher Hitze sieden lassen. Salzen und pfeffern.

○ In Schalen gießen und mit den Frühlingszwiebelstücken bestreuen.

Hühnerbrühe
500 ml

Nuoc-Mâm-Sauce
2 Esslöffel

rote Peperoni
x 1 kleine

Frühlingszwiebeln
x 2

Ceviche

Kabeljaurücken
400g

rote Zwiebel
× ½

 In 10 Minuten vorbereitet

 Ohne Kochen

 Für 4 Personen

reife Avocado
× 1

Tomate
× 1

O Die Zwiebel fein schneiden, die Tomate in Stücke schneiden, den Kabeljau und die Avocado in gleich große Würfel schneiden.

O Den gehackten Koriander, die Zesten der Limette und den Saft, Fleur de Sel und Pfeffer hinzugeben. Sofort servieren.

O Zum Auffrischen des Gerichts ein wenig Koriander hinzugeben.

Limette
× 1

Koriander
× ½ Bund

Mango und Avocado

 In 15 Minuten vorbereitet

 Ohne Kochen

 Für 6 Personen

große Mango
× 1

Avocado
× 1 (300 g)

○ Die geschälten Mandeln in einer heißen Pfanne unter Rühren goldgelb rösten.

Minze
12 Blätter

geschälte Mandeln
2 Esslöffel

○ Die Mango und die Avocado schälen, in Scheiben schneiden und auf einer Platte anrichten.

○ Minze und Koriander fein schneiden, dann über die Mango- und Avocadoscheiben streuen, die gerösteten Mandeln hinzugeben.

○ Vor dem Servieren die Sauce darübergießen.

Koriander
12 Stiele

Zitronensauce
(Rezept 56) 6 Esslöffel

Salat mit Zucchini und Feta

 In 10 Minuten vorbereitet

 Ohne Kochen oder Backen

 Für 4 Personen

reife Zucchini
500 g

Basilikum
ein paar Blätter

○ Die Zitrone pressen, um 50 ml Saft zu erhalten. Die Zucchini mit einem Sparschäler in Streifen schneiden. Den Feta zerkrümeln. Die Pinienkerne rösten.

Pinienkerne
35 g

Zitrone
x 1

○ Den Zitronensaft und das Olivenöl zu einer Emulsion verrühren und dann salzen und pfeffern. Die Zucchinistreifen hinzufügen und mindestens 5 Minuten marinieren lassen.

Feta
50 g

Olivenöl
50 ml

○ Das Basilikum und den Feta hinzufügen und beim Servieren mit den Pinienkernen bestreuen.

Melone, Tomate und Schinken

 In 15 Minuten vorbereitet

 Ohne Kochen

 Für 6 Personen

Melone
400 g

Ziegenfrischkäse
50 g

○ Die Melone schälen und von den Kernen befreien. In Stücke schneiden. Die Tomaten vierteln.

Strauchtomaten
× 8

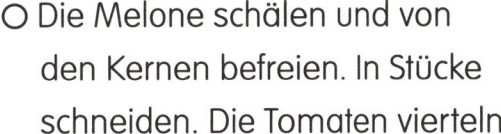

roher Schinken
100 g

○ Den Ziegenfrischkäse zerkrümeln, die Minze fein schneiden, den Schinken in Stücke schneiden.

○ Vor dem Servieren alle Zutaten mit der Zitronensauce vermischen.

Minze
2 Stiele

Zitronensauce
(Rezept 56) × 1

Linsensalat mit Orange

 In 20 Minuten vorbereitet

 30 Minuten Kochzeit

 Für 4 Personen

Flaschenkürbis
x 1 kleiner

Linsen aus der Dose
580 g

Orangen
x 2

Dill
x 1 Bund

Rosenkohl
150 g

Olivenöl
2 Esslöffel

○ Den Kürbis schälen, die Kerne entfernen und in Würfel von 2 cm schneiden. Die Linsen waschen. Den Rosenkohl in Streifen schneiden. Den Dill mit der Schere kleinschneiden.

○ Den Ofen auf 200 °C vorheizen. Öl auf den Kürbis gießen, würzen und für 25 – 30 Minuten backen, bis er weich ist.

○ Die Linsen mit dem Rosenkohl mischen.

○ 1 Orange pressen und ihren Saft darübergießen. Die restlichen Orangenfilets, den gebackenen Kürbis und den Dill und dann den Rosenkohl hinzufügen.

Rote-Bete-Salat mit Pistazien

 In 20 Minuten vorbereitet

 40 Minuten Kochzeit

 Für 4 Personen

Rote Bete (mit Blättern)
x 4

Couscous-Grieß
175 g

Rotweinessig
2 Esslöffel

Pistazien zur Dekoration
25 g

Feta
100 g

Olivenöl
4 Esslöffel

○ Die Bete waschen und die Blätter auf Stücke von 5 cm schneiden. Den Feta zerkrümeln und die Pistazien hacken. Den Ofen auf 220 °C vorheizen. Die Rote Bete auf ein Blech legen, mit Olivenöl übergießen und abgedeckt 40 Minuten in den Ofen geben. Schälen und in Viertel schneiden.

○ In einer Salatschüssel 375 ml heißes Wasser über den Grieß geben, zudecken und 10 Minuten quellen lassen. Salzen, pfeffern und die Kerne entfernen.

○ Die Hälfte der Rote-Bete-Blätter hacken, den Grieß hinzufügen, Öl und Essig hinzugeben. Die anderen Zutaten hinzufügen.

Bohnen mit Mayonnaise

 In 30 Minuten vorbereitet

 30 Minuten Kochzeit

 Für 6 Personen

grüne Bohnen
250 g

Strauchtomaten
× 4

Eier
× 2

Frühstücksspeck
150 g

Kartoffeln
400 g

Mayonnaise
100 g

○ Die Bohnen 10 Minuten in Salzwasser kochen. Abgießen und in Eiswasser geben.

○ Die Eier 8 Minuten in Wasser kochen, abkühlen lassen und schälen.

○ Die Kartoffeln mit Schale 30 Minuten in siedendem Wasser ziehen, dann etwas abkühlen lassen und schälen.Den Frühstücksspeck 5 Minuten in einer heißen Pfanne goldgelb anrösten.

○ Die Tomaten und die Eier vierteln, die Kartoffeln in Stücke schneiden. Das Ganze mit Mayonnaise servieren.

Caesar-Salat

Romanasalat
× 1

Hühnerbrust
300 g

 In 30 Minuten vorbereitet

 12 Minuten Zubereitung

 Für 6 Personen

Mayonnaise
80 g

Worcestershire-Sauce
4 Esslöffel

○ Das Hühnchen in einer sehr heißen Pfanne 6 Minuten von jeder Seite anbraten. In Alufolie einwickeln und abkühlen lassen.

○ Das Baguette in Würfel schneiden, in der Pfanne mit ein bisschen Fett bei großer Hitze goldgelb anrösten.

○ Die Mayonnaise und die Worcestershire-Sauce mischen. Den Salat zupfen, mit der Mayonnaise mischen, salzen und pfeffern.

Parmesan
70 g

Baguette
× ¼

○ Den Salat mit der in Scheiben geschnittenen Hühnerbrust, dem in Stücke geschnittenen Parmesan und den Croûtons servieren.

Mango und Curry-Creme

 In 10 Minuten vorbereitet

 Ohne Kochen

 Für 4 Personen

große Mango
× 1

Crème fraîche
500 g

○ Die Mango schälen und in Scheiben schneiden.

○ Crème fraîche, Olivenöl und Curry mit je 2 Prisen Salz und gemahlenem Pfeffer mischen. Den Schnittlauch fein schneiden.

Curry
1 gestrichener Esslöffel

Olivenöl
2 Teelöffel

○ Die Sauce über die Mango gießen, vermischen und mit dem geschnittenen Schnittlauch servieren.

Schnittlauch
6 Stiele

Grünkohl, Apfel und Parmesan

 In 10 Minuten vorbereitet

 Ohne Kochen

 Für 4 Personen

Grünkohl
200 g

Apfel Reinette
× 1

○ Die Blätter vom Grünkohl schneiden und die zu harten Stiele entfernen. 1 Minute lang stark mit Zitronensauce einreiben.

Parmesan
30 g

Zitronensauce
(Rezept 56)
× 1

○ Die Äpfel in feine Scheiben schneiden, den Parmesan hobeln.

○ Grünkohl und Äpfel mischen. Mit dem Parmesan servieren.

Roher Thunfisch, Kapern und Basilikum

 In 15 Minuten vorbereitet

 10 Minuten Ruhezeit Ohne Kochen

 Für 4 Personen

roher, roter Thunfisch
400 g

Kapern
50

Basilikum
× 4 Stiele

Pinienkerne
20 g

Rosinen
30 g

Zitronensauce
(Rezept 56) × 1

O Den Thunfisch in Würfel schneiden. Mit der Zitronensauce mischen und 10 Minuten in den Kühlschrank stellen.

O Die Pinienkerne 3 Minuten in einer heißen Pfanne goldgelb anrösten. Die Kapern abgießen und hacken. Die Rosinen klein schneiden. Das Basilikum fein schneiden.

O Den Thunfisch mit den Pinienkernen, dem Basilikum, den Kapern und den Rosinen vor dem Servieren mischen.

Mozzarella-Artischocken

 In 20 Minuten vorbereitet

 Ohne Kochen

 Für 4 Personen

Artischocken
× 4

Zitrone
× 1

Mozzarella
250 g

Basilikum
12 Blätter

○ Den Zitronensaft in eine große Schüssel mit Wasser gießen. Die ersten harten Blätter der Artischocke entfernen, dann fein der Länge nach in Scheiben schneiden und sofort in das Zitronenwasser geben. Abgießen. Die Artischocken mit der Zitronensauce mischen.

○ Das Basilikum fein und den Mozzarella in Stücke schneiden.

○ Die Artischocken mit dem Mozzarella und dem Basilikum mit Balsamico-Essig übergossen servieren.

○ Nach Geschmack salzen und pfeffern.

Zitronensauce
(Rezept 56) × ½

Balsamico-Essig
2 Esslöffel

Vinaigrette

 In 5 Minuten vorbereitet

 Ohne Kochen

 Für 1 Portion

Senf mit ganzen Körnern
½ Esslöffel

Öl (nach Geschmack)
6 Esslöffel

○ Die Zutaten mit je 2 Prisen Salz und Pfeffer aufschlagen.

Weinessig
½ Esslöffel

Zitronensauce

 In 5 Minuten vorbereitet

 Ohne Kochen

 Für 1 Portion

Zitrone
× 1

Olivenöl
6 Esslöffel

○ Den Ingwer schälen und reiben. Den Saft und die Hälfte der Zitronenzesten mit dem Olivenöl, Balsamico-Essig, dem Ingwer, der Petersilie, dem Schnittlauch und je 2 Prisen Salz und Pfeffer mischen.

Balsamico-Essig
½ Esslöffel

Ingwer
10 g

Petersilie
× 2 Stiele

Schnittlauch
× 4 Stiele

BEILAGEN

Räuchermakrele mit Dill

 In 15 Minuten vorbereitet

 25 Minuten Kochzeit

 Für 6 Personen

Kartoffeln
1 kg

Sahne
400 ml

○ Die Kartoffeln schälen und in gleich große Stücke schneiden. Die Zwiebel schälen und klein schneiden. Den Dill hacken.

geräucherte Makrele
200 g

rote Zwiebel
× 1

○ Die Sahne, den Curry und 1 Teelöffel Salz in einen Schmortopf geben. Die Kartoffeln hinzufügen und bei schwacher Hitze zugedeckt 25 Minuten ziehen, dann abkühlen lassen.

Dill
1 Bund

Currypulver
2 gestrichene Esslöffel

○ Wenn die Kartoffeln abgekühlt sind, mit der Sahne vermischen. Die Makrelenfilets, die Zwiebel und den Dill hinzufügen. Gut mischen, gegebenenfalls noch etwas Sahne hinzugeben.

Weiße Bohnen und Karotten mit Kümmel

 In 5 Minuten vorbereitet

 30 Minuten Kochzeit

 Für 4 Personen

Karotten
400 g

gekochte weiße Bohnen
400 g

○ Die weißen Bohnen abtropfen lassen. Die Karotten schälen und in Scheiben schneiden. Alle Zutaten in einen Topf geben.

○ 500 ml Wasser, 1 Teelöffel Salz und 2 Prisen gemahlenen Pfeffer hinzugeben.

○ 30 Minuten zugedeckt bei mittlerer Hitze kochen lassen.

Kreuzkümmelsamen
1 Esslöffel

Tomatenmark
70 g

Harissa
1 Esslöffel

Ofen-Pommes

Kartoffeln
600 g

Fleur de Sel
1 Teelöffel

In 15 Minuten vorbereitet

30 Minuten Backzeit

Für 4 Personen

Weinessig
3 Esslöffel

Olivenöl
4 Esslöffel

O Den Ofen auf 210 °C vorheizen.
Die Kartoffeln schälen und in
längliche Streifen schneiden.
Auf ein Backblech legen.

O Den Essig und den Zucker in
einem Topf zum Sieden bringen.
3 Minuten köcheln lassen. Öl
und Zucker hinzufügen.

O Über die Kartoffeln gießen und
diese gut darin wälzen. Salzen
und pfeffern. 25-30 Minuten
backen.

Zucker
1 Esslöffel

Rosmarinbrötchen

 In 10 Minuten vorbereitet

 10 Minuten Kochzeit

 Für 4 Personen

Pizzateig
1 Laib

Mehl
1 Esslöffel

Rosmarin
1 Zweig

Olivenöl
2 Esslöffel

Fleur de Sel
1 Prise

O Den Pizzateig in 4 Teile teilen und auf der bemehlten Arbeitsfläche ausrollen.

O Eine Pfanne (möglichst eine Grillpfanne) heiß werden lassen und die flachen Brötchen auf jeder Seite ein paar Minuten anrösten.

O Olivenöl darübergießen, mit Rosmarin und Fleur de Sel bestreuen. Sofort servieren.

Würziger Blumenkohl

 In 5 Minuten vorbereitet

 20 Minuten Backzeit

 Für 4 Personen

Blumenkohl
1 kg

Knoblauchpulver
1 Esslöffel

Olivenöl
4 Esslöffel

Kurkumapulver
1 Esslöffel

Paprikapulver
1 Esslöffel

○ Den Blumenkohl in Röschen zerteilen. Die größeren Röschen halbieren oder vierteln.

○ Den Ofen auf 220 °C vorheizen.

○ In einer Schüssel alle Gewürze und den Knoblauch mischen. Den Blumenkohl hinzugeben, salzen, pfeffern und mit der Hand gut durchmischen, damit alle Röschen von der Gewürzmischung bedeckt sind. Auf einem Backblech flach ausbreiten und für 15-20 Minuten in den Ofen geben. Auf die Farbe achten. Den Blumenkohl von Zeit zu Zeit wenden.

Beilagen

Spinat, Miso und Sesam

 In 15 Minuten vorbereitet

 1 Minute Kochzeit

 Für 4 Personen

Spinat
500 g

Miso
1 Esslöffel

○ Den Spinat waschen, die harten Enden abschneiden.

○ Miso, Sojasauce und Sesamöl mischen. Wasser in einem Topf zum Kochen bringen. Den Spinat eine knappe Minute hineingeben. Abgießen, warm mit der Sauce mischen. Die Sesamkörner darüberstreuen.

gezuckerte Sojasauce
2 Esslöffel

geröstete Sesamkörner
1 Teelöffel

○ Mit Reis, Quinoa, Grieß, gegrilltem Fisch oder Fleisch servieren.

Sesamöl
2 Esslöffel

62

Chicorée, Orange und Thymian

Chicorée
× 6

Orangen
× 2

Olivenöl
2 Esslöffel

Thymian
4 Stiele

 In 5 Minuten vorbereitet

 10 Minuten Kochzeit

 Für 4 Personen

○ Den Chicorée waschen und der Länge nach durchschneiden. Die Orangen pressen.

○ Das Öl in einem Topf oder in einem Bräter erhitzen, den Chicorée mit der Schnittseite nach unten hineingeben. 20 Sekunden goldgelb anbraten, dann drei Viertel des Orangensafts hinzugeben. Würzen, den Thymian hineingeben. Vollständig reduzieren lassen.

○ Den Chicorée umdrehen und den restlichen Saft dazugießen. Ziehen lassen, bis der Saft reduziert ist.

Lauch, Honig und Feta

sehr großer Lauch
× 4

Pinienkerne
30 g

 In 10 Minuten vorbereitet

 25 Minuten Backzeit

 Für 4 Personen

Honig
2 Esslöffel

Thymian
4 Stiele

○ Den Ofen auf 200 °C vorheizen.

○ Das Weiße vom Lauch abschneiden und den Lauch der Länge nach halbieren. Den Honig mit dem Olivenöl mischen. Salzen und pfeffern.

○ Den Lauch auf ein Backblech geben und mit Öl und Honig bepinseln. Für 20 Minuten in den Ofen geben. Auf die Farbe achten: Das Gemüse soll einen homogenen Gargrad erhalten. Die Pinienkerne und die Thymianblätter hinzugeben und weitere 5 Minuten backen.

Olivenöl
4 Esslöffel

Feta
125 g

○ Den Feta auf dem noch heißen Lauch zerbröseln.

Gefüllte Champignons

 In 15 Minuten vorbereitet

 10 Minuten Garzeit

 Für 4 Personen

frische Champignons
× 12 große

Knoblauch
2 Zehen

Olivenöl
6 Esslöffel

Feta
200 g

roher Schinken
4 dünne Scheiben

Thymian
4 Zweige

○ Feta 1 Stunde in Wasser einlegen, um das Salz herauszuziehen. Abtropfen lassen und zerkrümeln. Den Ofen auf 180 °C vorheizen. Den Knoblauch pressen. Die Schinkenscheiben in 2 oder 3 Teile schneiden. Die Champignons mit einem sauberen Tuch reinigen und die Stiele abschneiden.

○ Die Champignons auf ein Backblech legen und das Olivenöl darübergießen. Knoblauch hinzufügen. Leicht salzen und pfeffern. 5 Minuten in den Ofen geben und dann mit Feta, Schinken und Thymian garnieren. Noch einmal 5 Minuten garen lassen.

Marinierte Paprika

 In 30 Minuten vorbereitet

 45 Minuten Kochzeit

 Für 6 Personen

rote Paprika
× 4

Knoblauch
1 Zehe

Ingwer
10 g

Olivenöl
4 Esslöffel

Basilikum
8 Blätter

○ Den Ofen auf 200 °C vorheizen. Die Paprika für 45 Minuten in den Ofen geben. Noch heiß in eine luftdichte Plastiktüte geben. Abkühlen lassen.

○ Den Knoblauch und den Ingwer hacken, das Basilikum fein schneiden. Die Paprika schälen und die Körner entfernen, dann in feine Streifen schneiden.

○ Paprika, Knoblauch, Ingwer, Olivenöl und Basilikum mit je 2 Prisen Salz und gemahlenem Pfeffer mischen. Abgekühlt oder kalt servieren.

Gefüllter Grünkohl

 In 15 Minuten vorbereitet

 50 Minuten Kochzeit

 Für 4 Personen

Graupen
60 g

rote Paprika
× 1

Sonnenblumenöl
3 Esslöffel

Grünkohl
× 1

Champignons
300 g

Dill
× 4 Stiele

○ Den Ofen auf 180 °C vorheizen. Die Graupen garen.

○ 8 große Blätter vom Kohl entfernen. Mit dem Kohlherz 2 Minuten in kochendem Salzwasser kochen.

○ Das Kohlherz, die Champignons und die Paprika hacken, in 2 Esslöffel Öl 5 Minuten anbraten und die Graupen hinzugeben. Noch ein paar Minuten weiterkochen. Salzen, pfeffern und den gehackten Dill hinzugeben.

○ Die Füllung jeweils auf ein Kohlblatt geben, falten und verschnüren. Mit Öl bepinseln und für 20 Minuten in den Ofen geben.

Kartoffel-Soufflé

große Kartoffeln
× 4

Eier
× 2

Comté
200 g

Muskatnuss
1 große Prise

Butter
60 g

glatte Petersilie
× 10 Stiele

 In 15 Minuten vorbereitet

 1 Stunde 10 Minuten Kochzeit

 Für 4 Personen

○ Den Ofen auf 190 °C vorheizen. Die Kartoffeln waschen und auf einem Blech etwa 45 Minuten in den Ofen geben. Sie müssen weich werden. Die Füllung der Kartoffeln mit einem Löffel herausheben.

○ Das Eiweiß mit einer Prise Salz steifschlagen.

○ Das Eigelb mit der Kartoffelfüllung vermischen, 3/4 des Käses, die Muskatnuss und die gehackte Petersilie hinzugeben. Salzen, pfeffern. Das Eiweiß unterheben.

○ Die leeren Kartoffeln mit der Farce füllen und mit dem restlichen Käse bestreuen. Zum Gratinieren 10 Minuten in den Ofen geben.

Samosas mit dicken Bohnen und Spinat

 In 25 Minuten vorbereitet

 25 Minuten Kochzeit

 Für 4 Personen

Filoteigblätter
× 8

geschälte, dicke Bohnen
200 g

Spinat
300 g

gelbes Currypulver
3 Teelöffel

○ Den Ofen auf 180 °C vorheizen. Die Bohnen 5 Minuten mit einem Schuss Öl und etwas Wasser garen, zerdrücken.

○ Den gehackten Spinat mit einem Schuss Öl 5 Minuten bei mittlerer Hitze in einer Pfanne anbraten. Den Curry, das Püree und die Bohnen hinzugeben. Würzen.

○ Ein Blatt Filoteig halbieren und zusammenfalten. Mit Öl bestreichen.

○ Einen Esslöffel der Füllung auf die eine Seite setzen und zu einem Dreieck falten. Dies für alle Zutaten wiederholen. Für 15 bis 20 Minuten in den Ofen geben.

Sonnenblumenöl
6 Esslöffel

Kartoffelpüree
150 g

Ciabatta und Speck

 In 15 Minuten vorbereitet

 20 Minuten Kochzeit

 Für 4 Personen

Ciabatta
× 2

Lauch, weiße Abschnitte
× 2

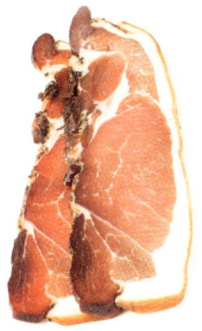

Speck
300 g

Eier
× 5

Milch
400 ml

○ Den Ofen auf 180 °C vorheizen. Den Lauch waschen und in Scheiben schneiden. Das Ciabatta und den Speck in Scheiben schneiden.

○ In einen Bräter geben, Ciabattascheiben überlappend darauf verteilen. Zwischen die Ciabattascheiben Speck- und Lauchscheiben stecken.

○ Die Eier mit der Milch mischen und in den Bräter gießen.

○ Für 20 Minuten in den Ofen geben. Salzen und pfeffern.

Frittierte Süßkartoffel

Süßkartoffeln
× 2

Olivenöl
2 Esslöffel

Seidentofu
100 g

Zitronengras
× 1 Stiel

Limette
× ½

 In 10 Minuten vorbereitet

 30 Minuten Kochzeit

 Für 4 Personen

○ Den Ofen auf 200 °C vorheizen. Die Süßkartoffeln schälen, in große Streifen schneiden, mit dem Olivenöl und 2 Prisen Salz und gemahlenem Pfeffer mischen.

○ 30 Minuten auf einem mit Backpapier ausgelegten Blech in den Ofen geben.

○ Das Zitronengras hacken, Zesten von der Limette schaben und die Zitrone pressen. Den Tofu mit dem Zitronengras, dem Saft und den Zesten von der Limette pürieren.

○ Die heißen, frittierten Stäbchen Limette mit dem Dip servieren.

HAUPTSPEISEN

Sommer-Soba

 In 10 Minuten vorbereitet

 8 Minuten Kochzeit

 Für 4 Personen

Soba
400 g

Erdnussbutter
100 g

Kokosmilch
300 ml

rote Thai-Currypaste
1 Esslöffel

Karotten
× 2

Salatmischung
100 g

○ Die Karotten schälen und raspeln. In einem Topf 100 ml Wasser mit der Kokosmilch, der Currypaste, der Erdnussbutter und 1 Teelöffel Salz vermischen. Unter Rühren kurz aufkochen und 5 Minuten ziehen lassen.

○ Die Soba nach den Anweisungen auf der Packung kochen. Abgießen, unter kaltem Wasser abspülen und erneut abgießen. Die Sauce probieren und nach Geschmack würzen.

○ Die Nudeln, die Salatmischung und die geraspelten Karotten auf den Tellern verteilen. Mit Sauce beträufeln und vermischen.

Rinderbraten mit Gemüse

 In 10 Minuten vorbereitet

 5 Minuten Kochzeit

 Für 2 bis 4 Personen

Rinderkeule
250 g (Oberschale)

Zuckererbsen
250 g

große Champignons
× 4

Knoblauch
× 4 Zehen

Pflanzenöl
4 Esslöffel

Sojasauce
3 Esslöffel

○ Das Rindfleisch fein schneiden, mit 2 Esslöffeln Sojasauce vermengen. Das Gemüse waschen, die Champignons in Scheiben schneiden. Den Knoblauch fein schneiden.

○ Das Öl in einem Wok erhitzen. Den Knoblauch anschwitzen, dann das Gemüse und die restliche Sojasauce hinzugeben. Großzügig salzen und 2 Minuten bei Rühren garen.

○ Das Fleisch hinzugeben. 30 Sekunden bei Rühren garen.

○ Zu diesem Gericht kann Thai-Reis serviert werden.

Curry mit Garnelen und Mango

 In 15 Minuten vorbereitet

 5 Minuten Kochzeit

 Für 4 Personen

Tiefkühl-Garnelen
500 g

nicht zu reife Mango
× 1

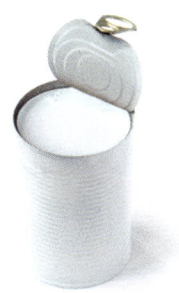

Kokosmilch
500 ml

grüne Thai-Currypaste
1 Esslöffel

Zucker
1 gestrichener Esslöffel

Limette
× 1

O Die Garnelen auftauen, schälen, den Rücken spalten, um den Darm zu entfernen. Die Mango schälen und in gleich große Stücke schneiden. Zesten von der Limette schaben und die Limette dann pressen.

O Die Currypaste in einem Topf mit der Kokosmilch verrühren. 1 Teelöffel Salz, den Zucker und die Garnelen hinzugeben. Zudecken, 5 Minuten ziehen lassen, dann die Mango hineingeben.

O Mit den Zesten und etwas Limettensaft servieren. Mit Thai-Reis, Grieß oder Quinoa und frischem Koriander servieren.

Griechische Risoni

 In 10 Minuten vorbereitet

 10 Minuten Kochzeit

 Für 4 Personen

Risoni-Nudeln
350 g

Tomaten
400 g

schwarze Oliven
85 g

glatte Petersilie
x ½ Bund

Feta
100 g

Rotweinessig
1 Esslöffel

○ Die Kerne der Oliven entfernen und die Oliven grob hacken. Die Tomaten in Viertel schneiden. Den Feta zerkrümeln.

○ Die Nudeln nach den Anweisungen auf der Verpackung kochen. Abgießen, spülen und in eine große Schüssel geben.

○ Tomaten, Oliven, Feta und Petersilie hinzufügen. Salzen, pfeffern. 3 Esslöffel Öl und den Essig hinzugeben und dann mischen.

Ofen-Auberginen

In 10 Minuten vorbereitet

50 Minuten Kochzeit

Für 4 Personen

Mini-Auberginen
x 4

Zitronen
x 2

Olivenöl
120 ml

getrockneter Oregano
2 Teelöffel

Feta
200 g

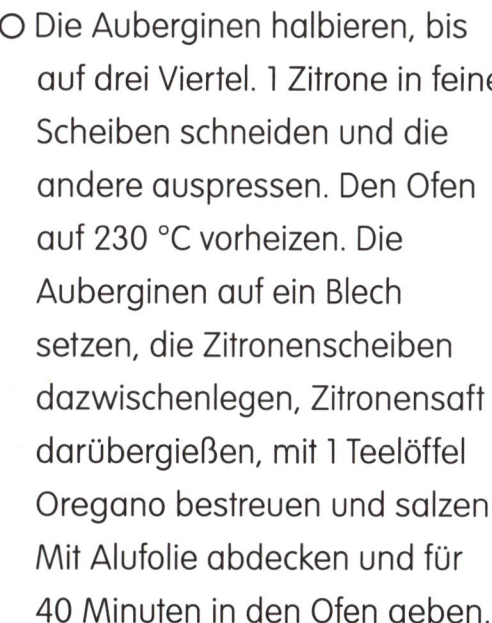

○ Die Auberginen halbieren, bis auf drei Viertel. 1 Zitrone in feine Scheiben schneiden und die andere auspressen. Den Ofen auf 230 °C vorheizen. Die Auberginen auf ein Blech setzen, die Zitronenscheiben dazwischenlegen, Zitronensaft darübergießen, mit 1 Teelöffel Oregano bestreuen und salzen. Mit Alufolie abdecken und für 40 Minuten in den Ofen geben.

○ Den Feta auf ein Stück Alufolie legen, mit Öl bepinseln. Die Alufolie verschließen und für 10 Minuten in den Ofen geben.

○ Den zerbröselten Feta über die Auberginen streuen.

Orecchiette mit Hähnchen

 In 10 Minuten vorbereitet

 15 Minuten Kochzeit

 Für 4 Personen

Hähnchenschnitzel
× 4

Frischer Ingwer
80 g

○ Die Hähnchenschnitzel in Streifen schneiden. Den Ingwer schälen und fein schneiden.

Orecchiette
300 g

Mascarpone
250 g

○ Das Öl in einem Schmortopf erhitzen, den Ingwer und das Hähnchen hinzugeben. Das Ganze bei starker Hitze 3 Minuten kochen lassen.

○ Die Nudeln hinzugeben, mit Wasser bedecken. Den Mascarpone und die Zuckererbsen hinzugeben und aufkochen lassen.

○ Bei mittlerer Hitze und geschlossenem Deckel 13 Minuten kochen lassen.

Olivenöl
2 Esslöffel

Zuckererbsen
250 g

Quesadillas mit Bohnen

 In 15 Minuten vorbereitet

 10 Minuten Kochzeit

 Für 4 Personen

schwarze Bohnen im Glas
400 g

reifer Cheddar
100 g

Tomaten
x 2 große

Koriander
x 10 Stiele

Weizentortillas (15 cm)
x 8

Olivenöl
6 Teelöffel

○ Die Bohnen abtropfen lassen und waschen. Die Tomaten in Würfel schneiden und den Koriander hacken. Die Tomaten, die Hälfte des Korianders und 2 Teelöffel Öl mischen, salzen und pfeffern. Die Bohnen, den Käse und den restlichen Koriander mischen.

○ 1 Teelöffel Öl in einer Pfanne erhitzen, 2 Tortillas flach hineingeben. Ein paar Bohnen auf einer Hälfte verteilen und die Tortilla zusammenklappen. Goldbraun anbraten, umdrehen und die andere Seite anbraten. Dasselbe mit den anderen Tortillas wiederholen.

Fischterrine

 In 15 Minuten vorbereitet

 50 Minuten Kochzeit

 Für 4 Personen

Lachsfilet
350 g

Spinat
400 g

○ Den Ofen auf 160 °C vorheizen. Den rohen Lachs und den Schnittlauch hacken. Den Spinat hacken und 4 Minuten mit einem Esslöffel Öl in einer Pfanne anbraten. Würzen.

○ Die Zucchini 10 Minuten bei Dampf garen und mit dem restlichen Öl mischen. Würzen.

Eier
× 4

Schnittlauch
× 1 Bund

○ Den Fisch, das Gemüse und die aufgeschlagenen Eier mischen und in eine Kuchenform gießen.

○ Im Wasserbad 35 Minuten kochen.

Zucchini
× 3

Olivenöl
2 Esslöffel

Curry-Hühnchen

Hühnerfilet
500 g

Kokosmilch
400 ml

 In 10 Minuten vorbereitet

 30 Minuten Kochzeit

 Für 4 Personen

Zwiebel
x 1

Karotten
400 g

○ Das Hühnerfilet in Stücke schneiden. Die Zwiebel in feine Scheiben schneiden. Die Karotten in Scheiben schneiden.

○ Alle Zutaten in einen Topf geben, bis auf die Kokosflocken. 1 Teelöffel Salz, 2 Prisen gemahlenen Pfeffer und 100 ml Wasser hinzufügen.

○ Zugedeckt 30 Minuten kochen lassen.

○ Mit den Kokosraspeln servieren.

Currypulver
2 Esslöffel

Kokosflocken
4 Esslöffel

Rahmkartoffeln

 In 10 Minuten vorbereitet

 40 Minuten Kochzeit

 Für 6 Personen

Kartoffeln
700 g

Frühlingszwiebel
× 1

Rucola
50 g

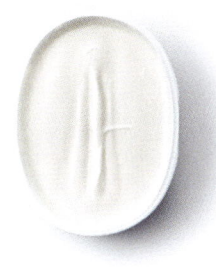

Rahmkäse
100 g

Petersilie
6 Stiele

Vinaigrette (Rezept 55)
6 Esslöffel

○ Die Kartoffeln in einen Topf mit kaltem Wasser geben und nach dem Aufkochen 25 Minuten ziehen lassen. Abgießen und abkühlen lassen.

○ Die Petersilie fein schneiden. Die Frühlingszwiebel in feine Scheiben schneiden. Die Vinaigrette, den Rahmkäse, die Frühlingszwiebel und die Petersilie mischen.

○ Die Kartoffeln in dicke Scheiben schneiden und mit der Sauce vermischen.

○ Den Rucola hinzufügen, würzen und vor dem Servieren durch mischen.

Tomaten-Tatin

 In 15 Minuten vorbereitet

 30 Minuten Kochzeit

 Für 4 Personen

Blätterteig
x 1 Rolle

Kirschtomaten
450 g

Balsamico-Essig
2 Esslöffel

Thymian
ein paar Stiele

Zwiebel
x 1 große

Olivenöl
3 Esslöffel

○ Die Zwiebel in feine Scheiben schneiden, der Thymian zupfen. Den Ofen auf 200 °C vorheizen. Eine Pfanne auf den Herd geben, die kleiner als der Teig ist. Die Zwiebeln anbraten. Salzen, pfeffern, den Essig hinzufügen, dann in eine Schale füllen.

○ Das restliche Öl darübergießen, die Tomaten und den Thymian in die Pfanne geben und schmoren lassen, Zwiebel hinzugeben.

○ Mit dem Teig bedecken, indem der Rand nach innen geklappt wird, und anstechen. 30 Minuten in den Ofen geben. Abkühlen lassen und aus der Form nehmen.

Spanische Tortilla

Kartoffeln
x 3 große

Zwiebel
x 1

Eier
x 8

Olivenöl
200 ml

glatte Petersilie
ein paar Stiele

 In 10 Minuten vorbereitet

 45 Minuten Kochzeit

 Für 4 Personen

○ Die Kartoffeln schälen, in Viertel und dann in Streifen von 5 mm schneiden. Die Zwiebel und die Petersilie in feine Streifen schneiden. Die Eier leicht aufschlagen. Die Kartoffeln 25 Minuten im Öl bei mittlerer Hitze kochen, bis sie weich sind, sich aber noch nicht verfärbt haben.

○ Mit den Eiern in eine Schüssel geben. Die Zwiebel 10 Minuten anbraten, dann zusammen mit der Petersilie zu den Eiern geben. Das Öl zurückbehalten.

○ Den Grill vorheizen.Die Zubereitung in das zurückbehaltene heiße Öl gießen und 2 Minuten mischen. Omelett kurz grillen.

Weisse Pizza mit Artischocken

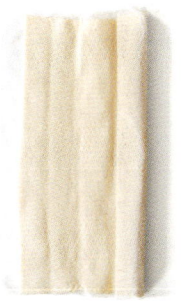

Pizzateig, rechteckig
× 1

Parmesan
40 g

glatte Petersilie
× 4 Stiele

Champignons
× 3

Knoblauch
× 1 Zehe

Artischocken in Öl
× 1 Glas mit 300 g

 In 5 Minuten vorbereitet

 10 Minuten Kochzeit

 Für 4 Personen

○ Den Ofen auf 250 °C vorheizen (Unterhitze).

○ Ein paar Artischocken zurückbehalten. Den Rest mit ihrem Öl und dem Knoblauch pürieren. Die Champignons waschen.

○ Den Pizzateig ausrollen. Mit der Gabel einstechen und etwa 8 Minuten in den Ofen geben. Die Oberseite muss goldgelb sein.

○ Die Artischockencreme auf der Pizza verteilen. Die Champignons fein schneiden. Mit den zurückbehaltenen Artischocken auf der Pizza verteilen. Mit Petersilie und Parmesan Parmesan bestreuen.

Flammkuchen

Pizzateig, rechteckig
× 1

Crème fraîche
2 bis 3 Esslöffel

Speckstreifen
150 g

Zwiebel
× 1

 In 5 Minuten vorbereitet

 10 Minuten Kochzeit

 Für 2 bis 4 Personen

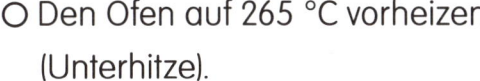

○ Den Ofen auf 265 °C vorheizen (Unterhitze).

○ Die Zwiebel fein schneiden. Den Pizzateig ausrollen und glatt-rollen.

○ Auf ein Blech legen und die Crème fraîche mit dem Löffel darauf verteilen. Die Zwiebel und die Speckstreifen darauf vertei-len. Pfeffern.

○ Für 10 Minuten in den Ofen geben und das Blech nach der halben Backzeit umdrehen.

Mortadella und Rosmarin

✎ **In 15 Minuten vorbereitet**

🍲 **40 Minuten Kochzeit**

☺ **Für 4 Personen**

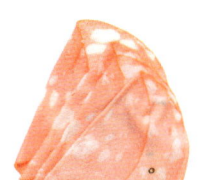

Kartoffeln (Bintje)
1 kg

Mortadella
200 g

○ Den Ofen auf 190 °C vorheizen. Die Kartoffeln schälen und in Stücke schneiden. Die Mortadella in Streifen schneiden.

Sahne
400 ml

Rosmarin
× 2 Stiele

○ Die Knoblauchzehen schälen. Einen Bräter mit einer Knoblauchzehe ausreiben und den Rest pressen.

○ Die Kartoffeln, die Mortadella, den gezupften Rosmarin und den Knoblauch in den Bräter geben, mischen.

○ Die Sahne darübergießen und für 40 Minuten in den Ofen geben. Heiß mit grünem Salat servieren.

Knoblauchzehen
× 2

Fenchel à la Tomate

 In 15 Minuten vorbereitet

 30 Minuten Kochzeit

 Für 4 Personen

Fenchel
× 2

Tomaten
500 g

Große Zwiebel
× 1

Italienische Trockenwurst
400 g

Thymian
x 3 Stiele

Olivenöl
2 Esslöffel

○ Die Zwiebel schälen, den Fenchel waschen und fein schneiden. Die Wurst in Scheiben schneiden. Die Tomaten waschen und in Würfel schneiden.

○ Das Olivenöl in einem Topf erhitzen. Die Zwiebeln und die Wurststücke hinzugeben. Bei mittlerer Hitze 3 Minuten schmoren lassen.

○ Den Fenchel, die Tomaten und den Thymian hinzugeben. Salzen. Bei mittlerer Hitze und geschlossenem Deckel 25 Minuten schmoren lassen.

○ Mit gerösteten Brotscheiben und Pinienkernen servieren.

Gefülltes Omelette

 In 10 Minuten vorbereitet

 10 Minuten Kochzeit

 Für 2 bis 4 Personen

Eier
× 6

neutrales Öl
3 Esslöffel

große Champignons
× 4

Blattspinat
100 g

Cantal
80 g

roher Schinken
× 2 Scheiben

○ Die Champignons waschen und vierteln. Den Cantal reiben. Den Schinken in Stücke schneiden.

○ Die Eier mit dem Cantal aufschlagen, pfeffern.

○ Die Hälfte des Öls in einer Pfanne erhitzen. Die Champignons bei starker Hitze 4 Minuten anbraten. Die Hitze herunterdrehen, den Spinat hinzugeben, umrühren.

○ Die Eier darübergießen, nach Geschmack garen, dabei immer wieder umrühren. Vom Herd nehmen, den Schinken hinzugeben.

Risotto mit Shrimps

 In 10 Minuten vorbereitet

 15 Minuten Kochzeit

 Für 4 Personen

Risottoreis (Arborio)
300 g

geschälte Shrimps
200 g

grüner Spargel
300 g

Weißwein
100 ml

Butter
1 nussgroßes Stück

Gemüsebrühe
1 Würfel

O Den Spargel schälen und in Stücke schneiden.

O Die Butter in einem Topf erhitzen. Den Reis hinzufügen und unter ständigem Rühren für 3 Minuten kochen.

O Den Weißwein hinzufügen. Umrühren.

O Die Shrimps, den Spargel, den Brühwürfel, 1 Teelöffel Salz und 700 ml Wasser hinzugeben.

O 15 Minuten kochen lassen und regelmäßig umrühren.

Ratatouille

Fusilli
250 g

TK-Ratatouille
600 g

 In 5 Minuten vorbereitet

 20 Minuten Kochzeit

 Für 4 Personen

Parmesan
60 g

Knoblauch
× 4 Zehen

○ Den Knoblauch fein schneiden oder pressen.

○ Die Nudeln, das noch gefrorene Ratatouille, den Knoblauch und das Öl in einen großen Kochtopf geben. ½ Teelöffel Salz und 500 ml Wasser hinzugeben. Pfeffern. Aufkochen.

○ Die Hitze herunterdrehen. Etwa 15 Minuten bei regelmäßigem Rühren garen. Abschmecken.

○ Mit Parmesan-Chips und dem gezupften Basilikum servieren.

Basilikum
× 1 Bund

Olivenöl
30 ml

Farfalle Boursin® und Spinat

 In 10 Minuten vorbereitet

 15 Minuten Kochzeit

 Für 4 Personen

Farfalle
250 g

Boursin®
150 g

Spinat
300 g

Knoblauch
× 3 Zehen

Sahne
400 ml

○ Den Spinat waschen und die harten Stiele entfernen. Den Knoblauch pressen.

○ Alle Zutaten in einen großen Kochtopf geben. ½ Teelöffel Salz und 300 ml Wasser hinzugeben. Pfeffern. Aufkochen.

○ Die Hitze herunterdrehen und 12 Minuten bei regelmäßigem Rühren garen.

○ Vermengen, gegebenenfalls abschmecken.

Hörnchennudeln Schinken, Butter und Comté

 In 15 Minuten vorbereitet

 2 Minuten Ruhezeit
10 Minuten Kochzeit

 Für 4 Personen

Hörnchennudeln
250 g

Butter
50 g

Comté
150 g

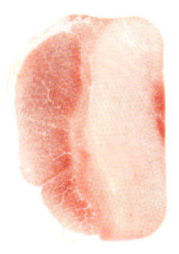

Kochschinken
× 4 Scheiben

○ Den Schinken in Würfel schneiden, den Comté reiben.

○ Die Nudeln, die Butter, 600 ml Wasser und ½ Teelöffel Salz in einen großen Kochtopf geben. Pfeffern. Aufkochen.

○ Die Hitze herunterdrehen und 7 Minuten bei regelmäßigem Rühren garen.

○ Vom Herd nehmen, den geriebenen Comté und den Schinken hinzugeben. Zudecken, 2 Minuten warten, umrühren. Gegebenenfalls abschmecken.

Tagliatelle Carbonara

Tagliatelle
200 g

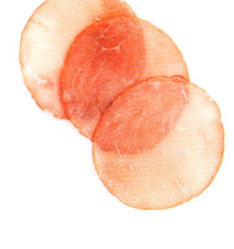

Schinken
x 4 Scheiben

 In 20 Minuten vorbereitet

 10 Minuten Kochzeit

 Für 2 Personen

Eier
× 2

Parmesan
50 g

Butter
10 g

○ Den Schinken in Streifen schnei-den. Die Butter in einem Topf heiß machen, dann den Schinken hin-zufügen,bis er leicht angebraten ist. Auf einen Teller geben.

○ 2 l Wasser in einem Topf zum Kochen bringen. Etwas Salz hinzufügen. So lange kochen lassen, wie auf der Verpackung angegeben.

○ Den Käse reiben und in einer großen Schale mit den Eiern mischen. Den gekochten Schinken hinzufügen.

○ Die Nudeln abgießen, in die Schale geben, mischen und pfeffern.

Mac'n Cheese

 In 5 Minuten vorbereitet

 2 Minuten Ruhezeit
15 Minuten Kochzeit

 Für 4 Personen

Makkaroni
250 g

ungezuckerte
Kondensmilch
400 ml

Butter
25 g

Knoblauch
× 3 Zehen

Cheddar
200 g

Senf
2 Esslöffel

O Den Knoblauch pressen, den Cheddar reiben.

O Alle Zutaten bis auf den Käse in einen großen Kochtopf geben. ½ Teelöffel Salz und 400 ml Wasser hinzugeben. Pfeffern. Aufkochen.

O Die Hitze herunterdrehen und 10 Minuten bei regelmäßigem Rühren garen.

O Vom Ofen nehmen. Den geriebenen Cheddar hinzufügen, vermengen, zudecken und 2 Minuten warten. Nochmals vermengen und abschmecken.

Makkaroni Knackwurst, Ketchup und Cheddar

 In 5 Minuten vorbereitet

 2 Minuten Ruhezeit
15 Minuten Kochzeit

 Für 4 Personen

Makkaroni
250 g

Knackwürste
× 5

○ Die Zwiebel fein schneiden, die Würstchen in kleine Stücke schneiden.

kleine Zwiebel
× 1

geriebener Cheddar
100 g

○ Alle Zutaten bis auf den Cheddar in einen großen Kochtopf geben. 700 ml Wasser und ½ Teelöffel Salz hinzugeben. Pfeffern. Aufkochen.

○ Die Hitze herunterdrehen und 10 Minuten bei regelmäßigem Rühren garen.

○ Vom Ofen nehmen, den Cheddar hinzugeben und 2 Minuten warten. Vermengen. Gegebenenfalls abschmecken.

Ketchup
6 Esslöffel

Senf
2 Esslöffel

Gnocchi mit Paprika

In 10 Minuten vorbereitet

10 Minuten Kochzeit

Für 4 Personen

Gnocchi
500 g

Paprika, gelb und grün
400 g

○ Die Paprika dünn schälen, entkernen und in kleine Würfel schneiden. Die Knoblauchzehen schälen und fein schneiden.

Basilikum
× 1 Bund

Knoblauchzehen
× 3

○ Die Paprika, den Knoblauch, den Mascarpone, die Hälfte des Basilikums und die Gnocchi in einen Topf geben. Die Milch hinzufügen. Salzen und vermischen. Aufkochen lassen und bei geschlossenem Deckel und mittlerer Hitze noch 10 Minuten kochen.

○ Von Zeit zu Zeit umrühren. Vor dem Servieren mit dem restlichen fein geschnittenen Basilikum bestreuen.

Mascarpone
250 g

Milch
200 ml

Penne Aubergine, Feta und Minze

 In 5 Minuten vorbereitet

 20 Minuten Kochzeit

 Für 4 Personen

Penne
250 g

tiefgekühlte, gegrillte
Auberginen
300 g

Tomatenmark
70 g

Knoblauch
× 4 Zehen

Feta
100 g

Minze
× ½ Bund

○ Den Knoblauch fein schneiden, die Minze zupfen. Die noch tiefgekühlten Auberginen in gleichgroße Stücke schneiden.

○ Den Knoblauch, die Nudeln, das Tomatenmark, die Auberginen, 700 ml Wasser und ½ Teelöffel Salz in einen großen Kochtopf geben. Pfeffern.

○ Aufkochen. Die Hitze herunterdrehen und 15 Minuten bei regelmäßigem Rühren garen.

○ Den zerbröselten Feta und die Minze hinzugeben. Abschmecken.

Penne Tomate, Spargel und Hähnchen

🔪 **In 10 Minuten vorbereitet**

🍲 **15 Minuten Kochzeit**

☺ **Für 4 Personen**

Penne
250 g

Hähnchenschnitzel
250 g

getrocknete
Tomaten in Öl
80 g

grüner Spargel
× 1 Bund

Knoblauch
× 4 Zehen

Thymian
× 4 Stiele

○ Den Knoblauch, die Tomaten und das Hähnchen fein schneiden. Den harten Stiel vom Spargel entfernen und den Spargel in drei Stücke schneiden.

○ Alle Zutaten in einen großen Kochtopf geben. 700 ml Wasser und ½ Teelöffel Salz und 50 ml von dem Öl der Tomaten hinzugeben. Pfeffern. Aufkochen.

○ Die Hitze herunterdrehen und 10 Minuten bei regelmäßigem Rühren garen. Gegebenenfalls abschmecken.

Linguine Gemüse mit Sojasauce

Linguine
250 g

Grünkohl
× ¼

 In 10 Minuten vorbereitet

 15 Minuten Kochzeit

 Für 4 Personen

große Karotten
× 1

Knoblauch
× 4 Zehen

○ Den Kohl und den Knoblauch fein schneiden. Die Karotte mit einem Sparschäler in Streifen schneiden. Den Tofu in Würfel schneiden.

○ Alle Zutaten in einen großen Kochtopf geben. Pfeffern. 750 ml Wasser hinzugeben. Aufkochen.

○ Die Hitze herunterdrehen und 15 Minuten bei regelmäßigem Rühren garen.

○ Abschmecken. Gegebenenfalls einen Schuss Sesamöl hinzugeben.

fester Tofu
200 g

Sojasauce
4 Esslöffel

NACHTISCH

Schoko-Cookie aus der Tasse

 In 5 Minuten vorbereitet

 1 Minute 30 Sekunden Kochzeit

 Für 2 Personen

Butter
30 g

Rohrzucker
20 g

Eigelb
× 2

Mehl
60 g

Schokotropfen
3 Esslöffel

Vanillezucker
× 1 Tüte

○ In einer Schale die Butter in der Mikrowelle 30 Sekunden schmelzen (900 W).

○ Den Zucker und dann das Eigelb hinzugeben und vermengen. Das Mehl und dann die Schokotropfen unterheben.

○ Den Teig in zwei Becher oder Tassen verteilen. 1 Minute (800 W) garen.

○ Sofort servieren.

Kokossplitter

 In 10 Minuten vorbereitet

 10 Minuten Kochzeit

 Für 16 Stück

geraspelte Kokosnuss
125 g

Zucker
70 g

Eiweiß
× 2

Apfelmus
1 großer Esslöffel

○ Den Ofen auf 200 °C vorheizen. Alle Zutaten in einer Salatschüssel ververmischen.

○ Mit Hilfe von zwei Esslöffeln kleine Häufchen formen und auf ein mit Backpapier ausgelegtes Blech setzen.

○ Für 10 Minuten in den Ofen geben und das Blech nach der halben Backzeit umdrehen.

Arme Ritter mit Nutella®

 In 5 Minuten vorbereitet

 5 Minuten Kochzeit

 Für 2 bis 4 Personen

Weißbrot
× 4 Scheiben

Nutella®
4 Teelöffel

Ei
× 1

Milch
50 ml

Butter
25 g

○ Milch und Ei mit einer Gabel verquirlen.

○ Die Weißbrotscheiben mit einer Walze glätten. Die Ränder abschneiden. Nutella® auf der Hälfte der Weißbrotscheiben verteilen und diese aufrollen.

○ Die Butter in einer Pfanne erhitzen. Die Rollen in der Eizubereitung einweichen und dann in der Pfanne etwa 1 Minute von jeder Seite goldgelb anbraten.

○ Sofort servieren.

Kandierte Äpfel

 In 10 Minuten vorbereitet

 30 Minuten Kochzeit

 Für 4 Personen

Vanillestange
x 1

kleine Äpfel
x 8

Zucker
100 g

gesalzene Butter
100 g

○ Die Äpfel schälen. Die Butter in kleine Stücke schneiden. Die Vanillestange spalten und das Mark herauskratzen.

○ Alle Zutaten in einen Topf geben und 50 ml Wasser hinzufügen.

○ 30 Minuten zugedeckt bei mittlerer Hitze kochen lassen. Warm oder kalt servieren.

Teekuchen

Thé®-Biskuits
x 1 Packung

Kaffee
x 1 Tässchen

 In 20 Minuten vorbereitet

 Ohne Backen

 Für 4 Personen

Eier
x 3

Quark
400 g

O Eine rechteckige Form mit Back-papier auslegen. Das Eiweiß vom Eigelb trennen. Quark, Zucker und Eigelb aufschlagen. Das Eiweiß zu Schnee schlagen. Indie erste Mischung unterheben.

O Die Biskuits in den Kaffee tauchen und den Boden der Backform damit auslegen. Ein Drittel des Teigs hineingießen, eine Schicht getränkte Biskuits darauflegen und dann wieder eine Schicht Teig hineingießen. Dies fortset-zen, bis der gesamte Teig ver-braucht ist. Mit Biskuits enden.

Zucker
4 Esslöffel

Kakaopulver
1 Esslöffel

O 5 Stunden kaltstellen. Aus der Form nehmen. Mit Kakao bestreuen.

Schokokuchen ohne Backen

 **In 25 Minuten vorbereitet
1 Nacht Ruhezeit**

 Ohne Kochen oder Backen

 Für 2-3 Personen

Bretonisches
Butterbiskuit
50 g

Kakaopulver
100 g

○ Die Butter 1 – 2 Stunden vor der Zubereitung aus dem Kühlschrank nehmen, damit sie weich ist. Eine rechteckige Form mit 18 cm Durchmesser einfetten. Die Biskuits mit dem Messer hacken.

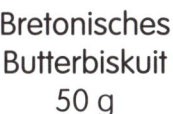

Zucker
50 g

Butter
100 g

○ Die weiche Butter, den Kakao und die gemahlenen Mandeln mischen. Den Zucker, 1 Esslöffel Wasser und das Ei hinzugeben. Gut mischen. Die Biskuitstücke hinzufügen.

○ In die Form gießen, glätten und über Nacht im Kühlschrank lassen.

Ei
x 1

gemahlene Mandeln
100 g

○ In sehr feine Scheiben schneiden.

Jamaika-Trifle

 In 20 Minuten vorbereitet

 Ohne Kochen oder Backen

 x 1 großes Glas

Ananas
× 1

Schlagsahne
300 ml

○ Die Sahne in eine große Schüssel geben. Schlagen, bis sie fest ist. Den Zucker hinzufügen und erneut schlagen.

Zucker
3 Esslöffel

Löffelbiskuit
× 20

○ Rum und Ananassaft mischen. Die Ananas schälen und in Scheiben schneiden. Die Biskuits in die Mischung aus Rum und Saft tauchen und eine Schicht auf den Boden einer großen durchsichtigen Schüssel legen.

Rum
x 1 kleines Glas

Ananassaft
x 1 großes Glas

○ Eine Schicht Ananas legen, dann eine Schicht Creme. Erneut eine Schicht getränkte Biskuits, dann Ananas und Creme verteilen. Für ein paar Stunden in den Kühlschrank geben.

Kuchen – supereinfach

Birnen
x 4

Butter
140 g

 In 25 Minuten vorbereitet

 45 Minuten Backzeit

 Für 6 Personen

Eier
x 3

Mehl
125 g

○ Den Ofen auf 180 °C vorheizen. Eine tiefe Form einfetten. 130 g Butter schmelzen.

○ Eier, Zucker und Salz aufschlagen. Die geschmolzene Butter und das Mehl hinzufügen.

○ Die Birnen halbieren und das Kerngehäuse entfernen.

○ Etwas Teig auf den Boden der Form gießen, die Früchte darauflegen, mit der Schnittseite nach unten, und den restlichen Teig darübergießen. Für 35 – 45 Minuten in den Ofen geben. Die Oberseite muss goldgelb sein. Nach Belieben Kokosraspeln darüberstreuen.

Zucker
90 g

Kokosflocken
2 Esslöffel

Gebackene Bananen

Bananen
× 2

Kokosmilch
100 ml

 In 5 Minuten vorbereitet

 5 Minuten Kochzeit

 Für 2 bis 4 Personen

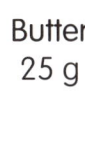

Butter
25 g

Rohrzucker
10 g

○ Die Bananen halbieren.

○ Die Butter in einer Pfanne erhitzen. Die Bananen hinzugeben und mit Zucker bestreuen. Bei starker Hitze karamellisieren lassen.

○ Den Rum hinzugeben, dann die Kokosmilch. 1 Minuten einreduzieren lassen.

○ Sofort servieren.

rum
30 ml

Schnelle Zitronenküchlein

 In 10 Minuten vorbereitet

 1 Minute Backzeit

 Für 4 Personen

Mürbeplätzchen
x 8

Lemon Curd
2 Esslöffel

○ Den Grill des Ofens vorheizen. Das Lemon Curd auf den Mürbeplätzchen verteilen.

Zucker
100 g

Eier
x 2 Eiweiß

○ Das Eiweiß zu Schnee schlagen, den Zucker hinzufügen und für ein paar Minuten weiter schlagen.

○ Das so hergestellte Baiser auf den Plätzchen verteilen und ein paar Sekunden unter den Grill des Ofens stellen.

Bratäpfel

 In 15 Minuten vorbereitet

 1 Stunde Backzeit

 Für 4 Personen

Äpfel
x 4

Cidre
100 ml

Zucker
4 Esslöffel

○ Den Ofen auf 150 °C vorheizen. Die Äpfel waschen und aushöhlen.

○ Die Äpfel auf ein Blech legen, mit Zucker bestreuen und mit Cidre übergießen.

○ Für 1 Stunde in den Ofen schieben und die Äpfel dabei immer wieder mit dem Bratapfelsaft übergießen. Die Temperatur des Ofens gegebenenfalls zurückdrehen.

Schweineohren

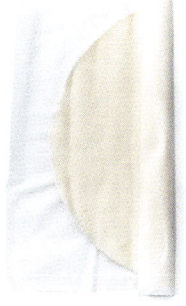

Blätterteig
4 Rollen

Rohrzucker
2 Esslöffel

Ei
1 Eigelb

Zimtpulver
1 Teelöffel

 In 15 Minuten vorbereitet

 10 Minuten Backzeit
40 Minuten Ruhezeit

 Für 4 Personen

○ Die Teigplatten (ohne das Papier) übereinanderlegen und mit einem Nudelholz aufeinanderdrücken. Die Ränder abschneiden, um Quadrate zu erhalten. Mit Rohrzucker und Zimt bestreuen.

○ 2 Seiten zur Mitte rollen. 30 Minuten in den Kühlschrank stellen.

○ Das Eigelb mit einem Esslöffel Wasser verrühren. Die Rolle in dünne Scheiben schneiden und auf eine mit Backpapier belegte Platte legen. Mit Eigelb bepinseln. Den Ofen auf 210 °C vorheizen und das Gebäck für 10 Minuten in den Ofen geben.

Brownies

dunkle Schokolade
400 g

gesalzene Butter
280 g

Rohrzucker
280 g

Mehl
150 g

Eier
x 6

✎ **In 10 Minuten vorbereitet**

🍲 **30 – 35 Minuten Backzeit**

☺ **Für 6 Personen**

○ Den Ofen auf 180 °C vorheizen. 300 g Schokolade und die Butter im Wasserbad schmelzen. Vom Ofen nehmen und abkühlen lassen.

○ Den Rohrzucker, die Eier und dann das Mehl und 1 Prise Salz hinzufügen. Verrühren, ohne den Teig zu sehr zu glätten.

○ Die restliche Schokolade grob hacken und dem Teig hinzufügen.

○ In eine rechteckige Form geben und für 30 – 35 Minuten backen. Zum Servieren in Rechtecke schneiden.

Eis mit Cookies und Marshmallows

Vanilleeis
1 l

Cookies
x 4

Marshmallows
1 kleines Päckchen

 In 15 Minuten vorbereitet

2 Minuten Backzeit

Für 4 Personen

○ Das Eis ein paar Minuten weich werden lassen. Die Cookies in Stücke zerbröseln und mit dem Eis mischen. Auf eine Platte setzen. Bis zum Servieren im Gefrierschrank aufbewahren.

○ Beim Servieren den Grill des Ofens vorheizen. Die Marshmallows auf das Eis geben und 1 – 2 Minuten unter den Grill stellen. Servieren.

Karamellisierte Ananas mit Kokos

Ananas
x 1

Zucker oder Rohrzucker
100 g

gesalzene Butter
40 g

Kokosraspeln
30 g

🔪 **In 10 Minuten vorbereitet**

🍲 **10 Minuten Bratzeit**

☺ **Für 4 Personen**

○ Die Ananas schälen und in Scheiben schneiden.

○ Den Zucker in eine große Pfanne geben und für 3 – 5 Minuten karamellisieren. Wenn er goldgelb ist, die Pfanne vom Ofen nehmen und die Butter hinzugeben. Vermischen und dann wieder auf den Ofen geben und die Ananas hinzufügen. Für ein paar Minuten auf jeder Seite goldgelb anbraten.

○ Mit Kokosraspeln bestreuen und servieren.

Salat mit Sommerfrüchten

 In 15 Minuten vorbereitet

 Ohne Kochen oder Backen

 Für 2 Personen

Wassermelone
x 2 Scheiben

Honigmelone
x 2 Scheiben

○ Die Blätter von der Minze zupfen und waschen.

○ Die Früchte schälen. Die Kerne aus den Melonen entfernen, das Fleisch der Mango um den Kern herum entnehmen. Die Früchte in Streifen und dann in Würfel schneiden.

Minze
x 2 Stiele

grüne Zitrone
x 1

○ Die Früchte mit den Minzblättern auf zwei Schalen verteilen. Etwas Zitronenzesten darüber schaben.

Mango
x 1

Gratin aus roten Früchten

 In 15 Minuten vorbereitet

 2 Minuten Backzeit

 Für 4 Personen

rote Früchte
300 g

Zucker
60 g

○ Die roten Früchte nach Bedarf entstielen. Die Früchte in 4 hitze-beständigen Schälchen verteilen.

Schlagsahne
150 ml

Zitrone
x ½

○ Zesten von der Zitrone schaben und die Frucht auspressen. Das Eigelb und den Zucker für 8 – 10 Minuten rühren, bis die Mischung eine helle Farbe annimmt. Das Mark der Vanille-stange, den Saft und die Zesten der Zitrone hinzufügen und vermischen. Weiterrühren und die Creme hinzufügen.

Eier
x 3 Eigelb

Vanille
x 1 Stange

○ Die Creme über die roten Früchte gießen und unter dem Grill des Ofens für 2 Minuten gratinieren.

MITTERNACHTS-SNACK

Pistazienpopcorn

 In 10 Minuten vorbereitet

 5 Minuten Kochzeit

 Für 4 Personen

Popcorn
250 g

gesalzene Pistazien
80 g

Zucker
120 g

gesalzene Butter
50 g

○ Die Pistazien hacken und mit dem Popcorn vermischen.

○ Den Zucker ohne Öl in einer beschichteten Pfanne karamellisieren lassen. Sobald er eine goldene Farbe annimmt, die Pfanne vom Herd nehmen und Butter hinzufügen. Über das Popcorn verteilen und mischen, damit alle Körner umhüllt sind. Abkühlen lassen.

Knuspermandeln

trockene Mandeln
300 g

Olivenöl
1 Esslöffel

 In 10 Minuten vorbereitet

 15 Minuten Kochzeit

 Für 4 Personen

Fleur de Sel
½ Teelöffel

Rohrzucker
3 Esslöffel

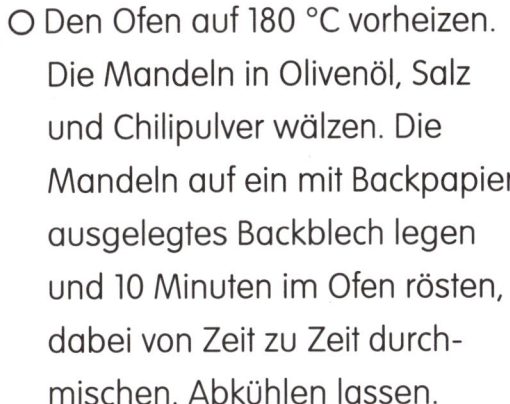 Den Ofen auf 180 °C vorheizen. Die Mandeln in Olivenöl, Salz und Chilipulver wälzen. Die Mandeln auf ein mit Backpapier ausgelegtes Backblech legen und 10 Minuten im Ofen rösten, dabei von Zeit zu Zeit durchmischen. Abkühlen lassen.

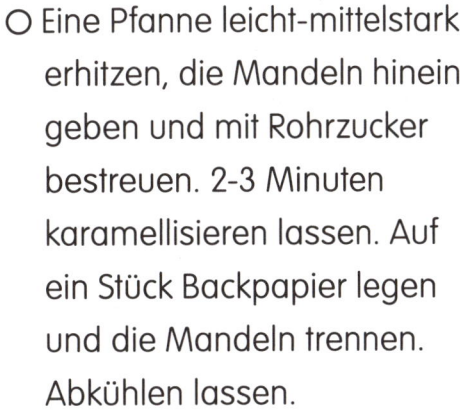 Eine Pfanne leicht-mittelstark erhitzen, die Mandeln hineingeben und mit Rohrzucker bestreuen. 2-3 Minuten karamellisieren lassen. Auf ein Stück Backpapier legen und die Mandeln trennen. Abkühlen lassen.

Piment d'Espelette
1 Prise

Crêpe-Röllchen

Buchweizenfladen
× 4

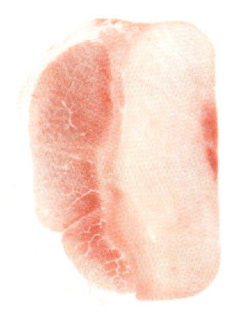

geräucherter
Kochschinken
× 4 Scheiben

geriebener Comté
300 g

Butter
20 g

Schnittlauch
× 1 Bund

 In 10 Minuten vorbereitet

 10 Minuten Kochzeit

 Für 4 Personen

○ Den Ofen auf 210 °C vorheizen. Den Schnittlauch mit der Schere schneiden. Ein paar Stiele zurückbehalten.

○ Den Comté und den restlichen Schnittlauch auf den Fladen verteilen. Pfeffern. Die Schinkenscheiben darauf verteilen und vorsichtig aufrollen.

○ In gleich große Stücke schneiden und auf ein nicht zu großes Gratinblech legen, damit sie sich gegenseitig Halt geben.

○ Butterstücke hinzufügen und 8 bis 10 Minuten in den Ofen geben. Mit etwas fein geschnittenem Schnittlauch servieren.

Tortillas, Salsa und Feta

 In 10 Minuten vorbereitet

 5 Minuten Backzeit

 Für 4 Personen

Maistortillas
1 Paket

Feta
250 g

○ Den Ofen auf 180 °C vorheizen. Den Feta zerbröseln. Den Koriander hacken.

○ Die Salsa und den Feta auf den Tortillas verteilen. 5 Minuten im Ofen erhitzen.

○ Den gehackten Koriander darüberstreuen.

süße oder pikante Salsa
1 Glas

Koriander
10 Zweige

Tunesische Pita

 In 10 Minuten vorbereitet

 5 Minuten Backzeit

 Für 4 Personen

Pitabrote
× 4

kleine Gurke
× 1

Tomaten
× 2 bis 3

mittelgroße, kandierte
Zitronen
× 1

Thunfisch in Öl
220 g

frische Harissa
× 1 Esslöffel

○ Die Gurken schälen, die Kerne mit einem Löffel entfernen. Die Gurke und die Zitrone (wahlweise Zitronat) in Würfel schneiden. Die Tomaten in Scheiben schneiden.

○ Die Gurke und die Zitrone vermischen, die Harissa und den Thunfisch mit dem Öl hinzugeben. Vermischen und abschmecken. Dem Salat die Tomatenscheiben hinzugeben.

○ Die Pitas auf dem Brotgrill oder im Ofen 5 Minuten bei 180 °C aufwärmen.

○ Die Pitas großzügig mit dem Thunfischsalat füllen.

Würstchen im Schlafrock

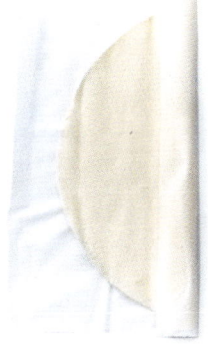

 In 20 Minuten vorbereitet

 10 Minuten Backzeit

 Für 4 Personen

Blätterteig
1 Rolle

Wiener Würstchen
× 4

Ei
× 1

O Den Blätterteig in 4 ausreichend große Streifen schneiden, um die Würstchen einrollen zu können. Mit dem geschlagenen Ei bestreichen. Die Würstchen auf die Teigstreifen legen und einrollen, dann die Teigränder andrücken.

O In dicke Scheiben schneiden und 10 Minuten in den Kühlschrank legen.

O Den Ofen auf 180 °C heizen und die Blätter 10 - 12 Minuten backen.

Mini-Pizzen

 In 15 Minuten vorbereitet

 8 Minuten Backzeit

Für 4 Personen

Pizzateig
1 Laib

Kirschtomaten
250 g

○ Den Ofen auf 240 °C vorheizen. Den Teig in 8 Teile teilen. Auf der leicht bemehlten Arbeitsfläche ausrollen, dann mit den Händen bearbeiten und dabei den Teig immer wieder wenden. Auf ein mit Backpapier belegtes Backblech geben.

Büffelmozzarella
1 Kugel

Olivenöl
4 Esslöffel

○ Die Kirschtomaten halbieren und den Mozzarella in kleine Stücke schneiden. Die Tomaten und den Mozzarella auf die Pizzen legen. Salzen und pfeffern. 6-8 Minuten backen lassen. Olivenöl darübergießen und mit ein paar Blättern Basilikum dekorieren.

Basilikum
ein paar Blätter

COCKTAILS

Jello Shot Limoncello

**In 30 Minuten zubereitet
8 Stunden Ruhezeit**

0 Minuten

Für 12 Personen

Zitronen
× 6

Limoncello
200 ml

Wodka
100 ml

Gelatine
18 Blätter

○ Die Zitronen halbieren. Auspressen und die Schalen mit einem Löffel auskratzen, dann auf ein Muffin-Blech legen, damit sie horizontal liegen bleiben.

○ Die Gelatineblätter in einer Schale zerkleinern. 100 ml Zitronensaft erwärmen, über die Gelatineblätter gießen und mischen, bis die Gelatine vollständig aufgelöst ist.

○ Alle Zutaten mischen. Den Mix in die Zitronenschalen füllen.

○ Zudecken und mindestens für 8 Stunden in den Gefrierschrank geben, bis das Gelee fest ist.

Mojito Spritzer

 In 5 Minuten zubereitet

 0 Minuten

 Für 1 Person

Limette
× 1

Limettensaft
30 ml

Minzblätter
× 6

Rohrzucker
2 Teelöffel

Sprudelwasser
200 ml

○ Die Zitrone in dünne Scheiben schneiden.

○ Den Limettensaft, den Zucker und die Minzblätter in einem großen Glas mischen.

○ Mit einem Cocktail-Stößel oder einem Löffel zerdrücken. Eiswürfel und Limettenscheiben hinzugeben. Mit Sprudelwasser auffüllen.

○ Mit einem Minzezweig dekorieren.

Sex On The Beach

 In 5 Minuten zubereitet
2 Stunden Ruhezeit

 0 Minuten

 Für 8 Personen

Wodka
320 ml

Pfirsichlikör
160 ml

Cranberrysaft
320 ml

O Den Wodka und den Pfirsichlikör in einem Krug mischen. Mindestens 2 Stunden kalt stellen.

O Den Mix in Gläser füllen. Den Cranberrysaft behutsam hinzugießen, um die beiden Farben nicht zu vermischen.

O Mit einem Minzezweig und einer Orangenscheibe servieren.

Long Island Iced Tea

 In 5 Minuten zubereitet

 0 Minuten

 Für 1 Person

Wodka
15 ml

weißer Rum
15 ml

○ Einen Shaker mit Eiswürfeln füllen. Die Schnäpse und den Zitronensaft in den Shaker gießen. 20 Sekunden schütteln.

Gin
15 ml

Tequila
15 ml

○ Ein großes Glas mit Eiswürfeln füllen und den Mix hineingießen. Mit Soda auffüllen und mit einer Zitronenscheibe garnieren.

Zitronensaft
1 Esslöffel

Cola
60 ml

Sangria Weiss

 **In 10 Minuten zubereitet
4 Stunden Ruhezeit**

 0 Minuten

 Für 6-8 Personen

Pfirsich
× 1

Apfel 'Pink Lady®'
× 1

○ Die Früchte in dünne Scheiben schneiden. Die Trauben halbieren.

weiße Weintrauben
200 g

weißer Bordeaux
1 Flasche

○ Alle Zutaten außer dem Sprudel-wasser in einen Krug geben. Mindestens 4 Stunden kalt stellen.

○ Die Sangria in Gläser füllen, mit dem Sprudelwasser auffüllen und mit Eiswürfeln servieren.

Calvados
100 ml

Sprudelwasser

Was macht man womit?

Die Originalausgabe:
Énergie Super Facile, Prix Mini Super Facile, Vite prêt 10 min Super Facile, Presque végétarien Super Facile, Apéros Super Facile, Végétarien Super Facile, Burger Super Facile, Apéro veggie Super Facile, Soupe Super Facile, Salade Super Facile, Curry Super Facile, Un plat Super Facile, Légume Super Facile, Un plat italien Super Facile, Pasta magique Super Facile, Dessert Super Facile, Cocktail Super Facile

Dieses Buch ist eine Komposition der folgenden Titel:
Energy Food, Preiswert kochen, 10 Minutengerichte, Flexitarische Küche, Tapas, Vegetarisch, Burger, Vegetarische Vorspeisen, Suppen, Salate, Currys, Alles aus einem Topf, Gemüse, Italienische Küche, Pasta, Dessert, Cocktails

© 2019 Librero IBP (Für die deutschsprachige Ausgabe),
Postbus 72, 5330 AB Kerkdriel, Niederlande

© Hachette Livre (Marabout), 2016, 2017

Fotografie der Zutaten: © Akiko Ida, Elisa Watson, Rebecca Genet, Deirdre Rooney, Richard Boutin, Ilona Chovancova, Charlotte Lascève, Valéry Guédès, Pierre Javelle
Fotografie Kapiteleröffnungen: © iStockphoto.com/Nastco

Bildnachweis Umschlag:
Aubergine, Ravioli und Schüssel mit Nudeln: © iStockphoto.com
Übrige Abbildungen: Hachette Livre (Marabout)

Produktion der deutschsprachigen Ausgabe:
Tanja Timmerman vertaling & redactie
Übersetzung: Judith Muhr

ISBN: 978-94-6359-285-7

Printed in Slovenia

Bei der Zusammenstellung der Texte und Abbildungen wurde mit größter Sorgfalt vorgegangen. Trotzdem können Fehler nicht vollständig ausgeschlossen werden. Verlag und Autor können für fehlerhafte Angaben und deren Folgen weder juristische noch irgendeine Haftung übernehmen. Für Verbesserungsvorschläge und Hinweise auf Fehler sind Verlag und Autor dankbar.

HINWEIS:
In einigen Rezepten werden rohe Eier verwendet. Menschen mit schwachem Immunsystem (ältere Menschen, Schwangere, kleine Kinder und Menschen mit einer Immunerkrankung) sollten diese möglichst vermeiden.